Richard Muther

Die ältesten deutschen Bilderbibeln,

Bibliographisch und kunstgeschichtlich beschrieben

Richard Muther

Die ältesten deutschen Bilderbibeln,
Bibliographisch und kunstgeschichtlich beschrieben

ISBN/EAN: 9783743482456

Hergestellt in Europa, USA, Kanada, Australien, Japan

Cover: Foto ©Lupo / pixelio.de

Richard Muther

Die ältesten deutschen Bilderbibeln,

DIE ALTESTEN DEUTSCHEN BILDER-BIBELN.

BIBLIOGRAPHISCH UND KUNSTGESCHICHTLICH BESCHRIEBEN

VON

DR. RICHARD MUTHER.

MÜNCHEN.
LITERARISCHES INSTITUT VON DR. MAX HUTTLER.
1883.

Uf das Gebiet der Bibelillustration hat neuerdings besonders Voegelin in seinen »Ergänzungen und Nachweisungen zum Holzschnittwerk Hans Holbeins d. J.« die Aufmerksamkeit gelenkt.[1]

Es ist ein Grundzug im Illustrationswesen des 15ten und 16ten Jahrhunderts, dass, sobald für ein häufig gedrucktes Buch ein Illustrationscyklus festgestellt ist, dieser auch in allen folgenden Ausgaben stereotyp festgehalten wird. Als im Jahre 1510 Johann Knoblouch in Strassburg die 8te Ausgabe von des Guido de Columna »Histori von der Zerstörung der Stadt Troia« druckte, verwendete er darin dieselben Holzschnitte, welche bereits Zainer in Augsburg in seiner um 1470 erschienenen ersten Ausgabe gebraucht hatte. In der 12ten Ausgabe der von Johann Hartlieb verfassten »Geschichte des grossen Alexander nach Eusebius«, welche Mathias Hupfuß in Strassburg 1514 veranstaltete, findet man dieselben Illustrationen, welche Johann Bämler in Augsburg für seine Ausgabe von 1473 hatte anfertigen lassen. Aehnlich ist es bei den verschiedenen Ausgaben des Hortus sanitatis, des Meisters Elucidarius, der vierundzwanzig Alten, des Rolevinkschen Fasciculus temporum, aes Spiegels der menschlichen Behaltniss, des Belial, der Verzückungen des Tondalus, des Seelenwurzgartens, des Horologium devotionis und

---

[1] Salomon Voegelin: Ergänzungen und Nachweisungen zum Holzschnittwerk Hans Holbeins d. J., Repertorium für Kunstwissenschaft II p. 162 und 312, V. p. 179.

vieler anderer Lieblingsbücher des 15ten und 16ten Jahrhunderts. Nur selten wurden die alten Holzstöcke neu umgearbeitet, wie es z. B. Heinrich Steiner in Augsburg that, als er 1541 die 5te Ausgabe von Boccaccio's »Compendium de praeclaris mulieribus« veranstaltete, oder als er 1536 Ulrich von Reichenthals Beschreibung des Concils von Kostnitz wiederholte. Fast nie wurden für die spätere Auflage eines Buches völlig neue Compositionen angefertigt.

So nah es lag, auch für das Gebiet der Bibelillustration einen solchen Zusammenhang zwischen den Holzschnitten früherer und späterer Ausgaben anzunehmen, so war dieser Punct doch von Woltmann, als er das 10te Capitel eines Holbein schrieb, vollständig ausser Acht gelassen worden. Holbeins Illustrationen zur Apokalypse und zu den Petrischen Ausgaben des Alten und Neuen Testamentes galten Woltmann als freie Originalschöpfungen des Meisters. Erst Voegelin wies nach, wie eng sich Holbein bei diesen Compositionen an Blätter der kölnischen Bibel von 1480 und an solche der Wittenbergischen Bibelausgaben angeschlossen hatte.

Dieser Zusammenhang in den Illustrationen der deutschen Bibeln aus den Jahren 1470 bis 1530 soll hier des Näheren verfolgt werden. Als bibliographische Grundlage dienen die verschiedenen die Bibel betreffenden Schriften Panzers.[1])

---

[1]) Georg Wolfgang Panzer: Litterarische Nachricht von den allerältesten gedruckten deutschen Bibeln aus dem 15ten Jahrhundert, Nürnberg 1777.
Idem: Geschichte der Nürnbergischen Ausgaben der Bibel, Nürnberg 1778.
Idem: Ausführliche Beschreibung der ältesten Augsburgischen Ausgaben der Bibel, Nürnberg 1780.
Idem: Versuch einer kurzen Geschichte der römisch-katholischen deutschen Bibelübersetzung, Nürnberg 1781.
Idem: Entwurf einer vollständigen Geschichte der deutschen Bibelübersetzung Dr. Martin Luthers, Nürnberg 1783.

CAP. I.

DIE DEUTSCHEN BIBELN VOR LUTHER.

Nter den vor Luther gedruckten deutschen Bibeln erschien die erste 1462 bei Fust und Schöffer in Mainz, die zweite 1466 bei Johann Mentel in Strassburg. Beide haben keine Illustrationen.

Die erste illustrirte deutsche Bibel,[1] die dritte in der 1. Reihe der deutschen Bibeln, entstand um 1470 durch die Bemühungen des Augsburger Notars Jodoc Pflanzmann, dessen Name sich in den dortigen Steuerbüchern von 1470—1497 und zwar zuerst unter der Ortsbezeichnung ›St. Antonin‹, von 1490 an unter der Rubrik ›Auf unser Frauen Graben‹ vorfindet. Sie ist mit 55 je eine Columne einnehmenden, gewöhnlich 105 mm hohen und 80 mm breiten, dem ersten Capitel jedes Buches vorgesetzten Holzschnitten versehen. Der erste schildert die Schöpfung. Gottvater, ein alter Mann mit langem schwarzen Gewande und grauem Haupt- und Barthaar hält in der linken Hand eine grosse Scheibe und macht mit der rechten ein Zeichen. Auf der Scheibe sieht man Sonne, Mond und Sterne, eine mittelalterliche, rosaroth gemalte, mit Thürmen befestigte Stadt, Felsen, Bäume, einen Hasen und schon säuberlich in rothen Rock und blaue Beinkleider gehüllt den ersten Menschen. In dem Bilde der Erschaffung der Eva kommt dieselbe mittelalterliche Stadt mit ihren Mauern und Thürmen vor. Im weiteren Verlauf wird die Verwendung der nämlichen Holzstöcke für ähnliche Gegenstände in der ausgedehntesten Weise betrieben. Ein alter Mann mit Turban und langem Gewande, der in einem Zimmer an einem Tische sitzt und die Hand in ein aufgeschlagenes Buch legt, muss für die ganze Reihe der

---

[1] Gr. fol. — s. l. e. a.—Hain, Repertorium bibliographicum I. p. 417 No. 3131. — Panzer, litterarische Nachricht p. 61.

Propheten seine Dienste thun. Nur durch das Colorit wird Abwechselung geschafft. In rothem Gewande bezeichnet er den Jonas, in blauem den Micha, in grünem den Nahum, in weissem den Habakuk. Eine jugendliche Figur mit langen blonden Locken und einer Krone auf dem Haupte stellt die verschiedensten Könige dar. Ein Mann, der auf einem gelben Throne vor einer rosaroth angestrichenen Mauer in einer grünen bergigen Landschaft sitzt, ein Buch in der rechten Hand hält und an die Brust drückt, vertritt den Apostel- und Evangelistentypus. Er erscheint als Petrus, Paulus, Jacobus, Johannes; als Petrus trägt er ein rothes Gewand mit blauem Mantel, als Paulus ein blaues mit rothem. Die Holzschnitte sind vollkommen in Spielkartenmanier gehalten, die Figuren nur in den Umrissen dargestellt, alle darauf berechnet illuminirt zu werden. Geschichtliche Ereignisse sind gar nicht illustrirt.

Die zweite illustrirte deutsche Bibel[1]) ging ums Jahr 1472 aus der
2. Officin des Nürnbergischen Erstlingsdruckers Johann Sensenschmidt hervor, der im Jahre 1470 im Vereine mit Heinrich Kefer aus Mainz die Buchdruckerkunst daselbst auszuüben anfing und sich früh mit dem Nürnberger Frisner verband. Während in der ersten (Pflanzmannschen) Bibel die Holzschnitte selbständig waren, füllen hier die 73 Bilder, von denen 23 dem ersten, 50 dem zweiten Theil angehören, den leeren Raum der grossen Anfangsbuchstaben der einzelnen Bücher aus. Durch diese Einordnung der figürlichen Darstellung in die Umrisse der Buchstaben war naturgemäss die Formgebung engen Schranken unterworfen, doch sind die Holzschnitte von einer grossen Mannigfaltigkeit; nur ein einziger wird zweimal angewendet. Der erste vor dem Prologe des Hieronymus zeigt in dem Buchstaben B einen Bischof und einen Abt, die mit einander ein Buch halten. Der zweite vor dem ersten Buch Moses, welcher die Initiale T umgibt, stellt die Schöpfung in ähnlicher Auffassung wie die Pflanzmannsche Bibel dar. Der dritte Holzschnitt vor dem zweiten Buche Moses zeigt in dem Buchstaben D den Durchgang der Israeliten durchs rothe Meer. Der vierte vor dem dritten Buche Moses ebenfalls in einem D Moses und Aaron, davor die Israeliten. Der fünfte vor dem vierten Buche Moses in einem U Moses und Aaron, davor die Israeliten, in der Mitte einen Baum. Der sechste vor dem fünften Buche Moses in einem D Moses, wie er auf dem Berge die Tafeln von Gott empfängt und sie den Israeliten einhändigt. Der siebente vor Josua in einem U die beiden Kundschafter mit der Traube. Der achte vor dem Buch der Richter in

---

[1]) Fol.—s. l. e. a.—Panzer, Annalen der älteren deutschen Litteratur p. 13, Supplemente p. 2.—Ebert, Bibliographisches Lexikon No. 2165.—Kehrein p. 37.—Panzer, litterarische Nachricht von den allerältesten gedruckten deutschen Bibeln p. 30 ff.—Freitag, Nachricht von seltenen Büchern I, 12 ff.

einem N mehrere von den Aeltesten, die hinter einander auf zwei Bänken sitzen. Der neunte vor Ruth in dem Buchstaben J rechts Ebimelech und Naemi, links Boas und Ruth, die von einem Priester zusammengethan werden. Der zehnte vor dem ersten Buch der Könige in einem E oben Eli und Hanna, unten Saul mit Samuel. Der eilfte vor dem zweiten Buche der Könige in einem U oben David und Goliath, unten die Philister mit der Bundeslade. Der zwölfte vor dem dritten Buch der Könige in einem U Salomo auf dem Thron und die Weiber mit den beiden Kindern. Der dreizehnte vor dem vierten Buch der Könige in einem U Ahasias im Bette und Elias' Himmelfahrt. Der vierzehnte vor dem ersten Buch der Chroniken in einem A die Schöpfung, den Fall Adams und Noah in der Arche. Der fünfzehnte vor dem zweiten Buch der Chroniken Salomo und die Königin von Saba. Der sechzehnte vor dem ersten Buche Esrah in einem J oben Medien und Persien, unten Esrah und Cyrus. Der siebzehnte vor dem zweiten Buche Esrah den Bau des Tempels. Der achtzehnte vor dem dritten Buche Esrah in einem U den opfernden Josias. Der neunzehnte vor dem Buche des Tobias in einem T oben Babylon, unten Salmanassar und Tobias. Der zwanzigste vor dem Buche Judith in einem U Judith und Holofernes. Der einundzwanzigste vor dem Buch Esther in einem J Ahasverus, Esther, Mardochai und Haman am Galgen. Der zweiundzwanzigste vor dem Buche Hiob in einem E oben Gott und Satan, unten Hiob und sein Weib. Der dreiundzwanzigste vor den Psalmen in einem S David mit Buch und Harfe. Aehnlich sind die 50 Holzschnitte des zweiten Theiles. Die einzelnen Personen sind gewöhnlich durch beigesetzte Namensbezeichnungen kenntlich gemacht. Ueber der Genesis ist ausserdem ein grösserer (h. 125 br. 185) selbständiger Holzschnitt. In der Mitte ist eine runde Scheibe. Darin thront oben Gottvater, links beten die Seligen, rechts erschlägt ein Engel die Gottlosen. Unten ist das von einer Mauer umgebene Paradies, wo Adam und Eva unter dem Baume der Erkenntniss stehen; rechts und links hat man Ausblick auf Städte. Die Zwischenräume zwischen der runden Scheibe und den Ecken des Holzschnittes sind durch die vier Evangelistensymbole ausgefüllt. — Auf dem vierzehnten Holzschnitt vor dem Buch der Chroniken sind in dem Querstrich des A die Buchstaben S. A. I. V. R. angebracht, die aber nur ornamentale Bedeutung haben werden.

Die dritte illustrirte Bibel druckte in den Jahren 1473 — 1475 Günther 3. Zainer in Augsburg[1]) und wiederholte darin die 73 Holzschnitte der Sensenschmidtschen Bibel.

---

[1]) Gr. fol.—Hain, Repertorium Bibliographicum I, 1 p. 418 No. 3133.—Panzer, Annalen der alten deutschen Litteratur I p. 14 No. 12.— Panzer, Litterarische Nachricht von den allerältesten Bibeln p. 40 ff.

4. In seiner deutschen Bibel von 1477 wiederholte er sie zum zweiten Mal [1]) und fügte am Schlusse jedes der beiden Theile sein Wappen bei: einen nach links ausschreitenden wilden Mann, der in der rechten Hand einen Schild mit einem fletschenden heraldischen Löwen halt.

5. Die 5te illustrirte Bibel erschien 1477 bei Anton Sorg in Augsburg.[2]) Die 76 Holzschnitte gehen auf diejenigen der Pflanzmannschen Bibel zurück. Einige sind neu, und durch diese hat Sorg besonders in die eintönigen Pflanzmannschen Propheten und Evangelisten grössere Abwechselung zu bringen gesucht. Neu ist auch derjenige am Schlusse des Alten Testamentes, der keine biblische Erzählung illustrirt und schon Panzer Kopfzerbrechen verursachte. Auf einem fallenden Esel sitzt querüber ein König mit verbundenen Augen, welcher seine Krone verliert, die hinterrücks herabfällt. Mit der rechten Hand hält er den Zaum des Esels und in der linken einen Geiskopf, ein Messer und eine Fahne. Er hat die Absicht gehabt auf das Haus rechts zuzureiten, aus dessen Thür ein Heiliger herausfällt, dem der vom Nimbus umgebene Kopf abgeschlagen ist. Neben dem Heiligen steht ein Mann mit einem Schwerte. Zwischen beiden sind in der Mitte sechs Figuren übereinander gestellt, die wie Fensterstöcke aussehen, aber oben rund sind.

6. In seiner deutschen Bibel von 1480 [3]) gebrauchte Sorg dagegen die Initialholzschnitte, welche die Sensenschmidtsche Bibel und hernach die beiden Zainerschen geschmückt hatten.

7. Epoche in der Geschichte der Bibelillustration macht die 7te oder kölnische Bibel,[4]) die um 1480 in der Officin des dortigen Druckers Heinrich Quentel entstand. Die Untersuchungen über Drucker und Druckjahr haben noch zu keinen näheren Ergebnissen geführt. Niesert wurde

---

[1]) Panzer, Litterarische Nachricht p. 51 ff. fol. — Panzer, Beschreibung der ältesten augsburgischen Bibeln p. 19 ff. — Hain, Repertorium bibliographicum No. 3134.

[2]) Fol. — Panzer, Litterarische Nachricht von den ältesten Bibeln p. 26 ff. — Panzer Ausführliche Beschreibung der augsburgischen Bibeln p. 21 ff. — Hain, Repertorium bibliographicum No. 3135.

[3]) Fol. — bei Panzer litterarische Nachricht von den ältesten Bibeln nicht enthalten Hain, Repertorium bibliogr. No. 3136. — Panzer, Ausführliche Beschreibung der augsburgischen Bibeln p. 23 ff.

[4]) Gr. fol. — Ebert, Bibliogr. Lexikon No. 2347. — Hain Rep. bibl. I p. 421 No. 3141. — Panzer, Annalen der älteren deutschen Literatur I p. 15 Nr. 13. — Götze, Historie de gedruckten niedersächsischen Bibeln. — Götze, Beschreibung seiner Bibelsammlung. — Niesert Litterarische Nachrichten über die erste in Köln gedruckte niedersächsische Bibel, Coesfeld 1825. — Lempertz, Beiträge zur älteren Geschichte der Buchdruck- und Holzschneidekunst, Heft I, Köln 1839 Bl. 8 — 12.

durch das Nichtdasein der Signaturen, deren sich schon der kölnische Drucker Koellhoff im Jahre 1472 bediente, bestimmt, sie für ein wahrscheinlich vor 1472 gedrucktes Werk zu halten. Dem gegenüber aber steht ausser vielem Anderen die künstlerische Vollendung der Holzschnitte. Wäre sie schon so früh anzusetzen, so könnte sie nicht in der Officin Heinrich Quentels entstanden sein, der um diese Zeit noch nicht in Köln thätig war, auf den jedoch verschiedene Merkmale hinweisen. Die Holzschnitteinrahmung, welche die Bibel im ersten Bande auf dem ersten und dritten Blatt, im zweiten beim Beginn des Neuen Testamentes ziert, findet sich nämlich in drei andern Quentel'schen Drucken vor: in des Astaxanus ›Summa de casibus conscientiae‹ von 1478 [1]) auf der ersten Seite und in dem ›Destructorium vitiorum‹ des Alexander Anglicus von 1480[2]) auf dem 32sten Blatt; der untere Theil des Rahmens wurde auch auf Blatt 24 des von Quentel 1480 gedruckten Fasciculus temporum verwendet. Die Typen sind ebenfalls dieselben wie die von Quentel im Astaxanus, im Destructorium und andern Werken gebrauchten.

Die Bibel umfasst zwei Bände und erschien in zwei Ausgaben, welche wenig von einander verschieden sind.

Den Anfang der Illustrationen macht die erwähnte (h. 365 br. 275) Holzschnitteinfassung, die aus mehreren Platten besteht. Unter dem Laubwerke der obern und der beiden Seitenleisten bemerkt man einen Dudelsackpfeifer, einen tanzenden Hanswurst und eine weibliche Figur mit langen Haaren, reich verziertem Kleide und einer turbanähnlichen Kopfbedeckung. Auf der Anbetung der Könige in der untern Holzleiste sitzt in einem Stalle Maria mit dem Jesuskindlein auf dem Schosse; die Könige liegen zu ihren Füssen, im Hintergrunde steht Joseph; von den zu beiden Seiten stehenden Fahnenträgern hält der links einen leeren Schild, der rechts einen Schild mit dem kölnischen Wappen. Bei der wenig verschiedenen rechten Seiteneinfassung vor dem Neuen Testament steht in reich ornamentirtem Laubwerk ein sich stark vornüberbeugender nach rechts gewendeter Ritter, der mit dem linken Arm einen Schild in die Höhe hält und mit dem rechten eine Fahne schwingt, auf der sich das aus drei Kronen bestehende kölnische Stadtwappen befindet.

Illustrationen hat die Bibel 125, von denen 94 dem alten, 31 dem neuen Testamente angehören, von denen jedoch eine im neuen Testament bei den apostolischen Briefen neunmal abgedruckt ist. Mit Ausnahme des grössern (h. 190 br. 190) Holzschnittes vor der Genesis und des im Neuen Testament oft abgedruckten kleineren sind sie sämmtlich h. 120 br. 188 mm.

---

[1]) Hain, Repertorium bibliographicum I No. 1895.
[2]) Hain, Repertorium bibliographicum I No. 649.

Auf dem Holzschnitte vor der Genesis sieht man in ein Quadrat einen grossen Kreis und in diesen wieder 3 kleinere concentrische Kreise eingeschrieben. Der erste Streifen bedeutet das Himmelreich, das durch die Brustbilder blondlockiger Engel veranschaulicht ist. Der zweite zeigt das Sternenreich, dargestellt durch Sonne, Mond und Sterne. Dann kommt das Meer, in dem wunderbare Wesen, Fische und Schwimmvögel ihr Wesen treiben. Der mittlere Kreis fuhrt auf die Erde. Man sieht eine Wiese, in der die verschiedensten Thiere, ein Hirsch, ein Kaninchen, ein Einhorn, ein Sperling, ein Rabe, ein Hund, ein Ochse sich aufhalten. Im Vordergrunde liegt, auf den linken Ellbogen gestützt, der nackte Adam, dem Gottvater die blondlockige Eva aus der Rippe hervorzieht. — Daran schliesst sich Sündenfall und Vertreibung. Das Paradies ist als ein zierlich ummauerter runder Raum dargestellt, zu dem hinten und rechts Eingangsthore führen. Links ist ein Strom, in dem Schwäne schwimmen, rechts ein Gebüsch, in dessen Nähe ein Hase und ein Vogel sich aufhalten. In der Mitte steht der sorgsam beschnittene Apfelbaum, an dessen Fuss eine Lilie emporspriesst und an dessen Stamm sich die Schlange emporwindet. Adam und Eva stehen rechts und links unter dem Baume, beide halten einen Apfel in der Hand, den Eva neugierig betrachtet, während Adam seitwärts schaut. Während das Paradies sich als ein sorgsam gepflegter Garten darstellte, ist das Land rechts noch nicht urbar gemacht. Der Engel steht im Eingangsthore und schwingt das Schwert, Adam und Eva fliehen eilig heraus, Adam schaut noch einmal um sich und hebt wie drohend die Hand empor.

Die Ereignisse von der Vertreibung aus dem Paradies bis zum Tode des Jakob sind mit 16 Holzschnitten illustrirt. Kain erschlägt den Abel. Die Arche segelt übers Meer. Ham begeht seinen Frevel. Der babylonische Thurm wird gebaut. Die Engel kommen zu Abraham. Isaak soll geopfert werden. Der blinde Isaak spricht mit seinen Söhnen. Jakob sieht die Himmelsleiter. Joseph wird verkauft. Potiphar lässt ihn ins Gefängniss werfen. Pharao träumt. Die Brüder besuchen den Joseph und ziehen reich beschenkt wieder nach der Heimath. Jacob siedelt mit seiner Familie nach Aegypten über, stirbt und wird begraben.

Daran schliesst sich mit 33 Holzschnitten (No. 18—51) das Leben des Moses. Er wird ausgesetzt und von der ägyptischen Königstochter gefunden. Gottvater erscheint ihm im Dornbusch. Aaron spricht mit Pharao. Die Plagen werden über die Aegypter verhängt. Die Juden nehmen das Passamahl ein, durchschreiten das rothe Meer und danken Gott. Gott sendet ihnen Brode. Moses schlägt Wasser aus dem Felsen. Sie kämpfen mit den Feinden. Moses empfängt die Gesetzestafeln. Die Stiftshütte wird gebaut. Das goldene Kalb wird angebetet. Die Abgöttischen werden gestraft. Moses erhält die zweiten Gesetzestafeln. Die Söhne Aarons werden von den Flammen verzehrt. Moses spricht zu dem Volke. Unter den Klängen der Posaunen fallen die Mauern Jericho's ein. Die Empörer werden von der Erde verschlungen. Aaron stirbt. Die Israeliten gesunden durch die Berührung der ehernen Schlange. Moses weiht den Josua und wird bestattet.

Die Zeit der Richter hat nur 7 Holzschnitte (No. 52—58). Die Israeliten ziehen in Jerusalem ein. Die 3 feindlichen Könige werden gehängt. Gideon erfleht von Gott die Wunderzeichen. Jephta wird von seiner Tochter am Stadtthor empfangen. Simson öffnet dem Löwen den Rachen. Elkana sitzt mit seinen beiden Frauen bei Tisch. Die Philister rauben die Bundeslade.

Die Nummern 59—71 umfassen die Regierung Sauls, Davids und Salomo's. Samuel salbt den Saul und den David. David kämpft mit Goliath und mit den Philistern. Sauls Söhne werden erschlagen. Joab ersticht den Abner. Die Bundeslade wird zurückgeführt. David sieht die Bathseba. Absolon wird getödtet. Dem David erscheint der Engel mit dem blutigen Schwert. David stirbt. Salomon spricht Recht zwischen den beiden Müttern. Die Königin von Saba besucht ihn.

Von jetzt an werden die Illustrationen spärlicher. Die folgenden Schriften des Alten Testamentes bis zum Psalter weisen nur 15 Holzschnitte (72—87) auf. Jerobiam kämpft mit Abias. Die Knaben, die den Elisa verspotteten, werden in Bären verwandelt. Naman steigt Heilung suchend in den Fluss. Die Israeliten fallen von Gott ab. Esrah kniet vor Darius. Tobias erblindet durch den Schwalbenkoth. Der junge Tobias fängt den Fisch und bestreicht mit der Salbe die Augen des Vaters. Judith ermordet den Holofernes. Esther kniet vor Asverus. Hiob sitzt auf dem Aschenhaufen. David spielt die Harfe.

Der zweite Band, welcher die übrigen alttestamentlichen Schriften und das Neue Testament umfasst, ist bei weitem nicht so reich wie der erste illustrirt.

Das Alte Testament hat noch 9 Abbildungen: Die 3 Männer im feurigen Ofen — die vier Thiere aus der Weissagung Daniels — Daniel und der Engel — die Bestrafung der vier Alten, welche Daniel angeklagt hatten — Daniel in der Löwengrube — die Kämpfe der Israeliten unter den Maccabäern.

Das neue Testament hat ausser dem erwähnten kleineren Mann 14 Nummern, von denen die ersten vier die Evangelisten darstellen, die andern 10, die immer dreiszenig sind, der Apokalypse angehören. Johannes hat die Vision. Die Reiter stürmen der Erde zu. Die Gerechten schreien nach Rache. Das Lamm steht auf dem Berge Zion. Die vier Engel erschlagen den dritten Theil der Menschen, und der mit den Säulenfussen uberreicht dem Johannes das Buch. Die Diener des Herrn messen den Tempel aus, und der Drache belauert die in Geburtsnöthen schwebende Frau. Die Menschen beten das Ungethüm an, und der Engel erschlägt den Teufel. Die babylonische Hure reitet auf dem siebenköpfigen Thiere, der Engel schneidet die Garben ab und der andere sperrt den Teufel in den Abgrund ein.

Bekanntlich sind dieselben Holzschnitte in der 1483 von Koburger in Nürnberg gedruckten deutschen Bibel wieder verwendet, und dies hat zu verschiedenen Combinationen hinsichtlich des Zeichners Anlass gegeben.

Panzer in seiner Geschichte der Nürnberger Bibelausgaben p. 65 ff. vermuthete, die Holzschnitte der kölnischen Bibel seien in Nürnberg gefertigt, widerspricht sich aber in seinen Annalen Bd. I p. 15, wo er einen niederdeutschen Verfertiger annahm. Murr,[1]) der so viele Arbeiten unbekannter Künstler des 15ten Jahrhunderts in Nürnberg gefertigt sein lässt, gibt auch als muthmasslichen Zeichner der Formschnitte der kölnischen Bibel Michel Wohlgemuth an. Heller[2]) geht noch weiter und fügt sie ohne Anstand den Arbeiten bei, von welchen man mit Sicherheit Wohlgemuth als Urheber annehmen könne. Neuerdings hat Hase[3]) in seinem Buch über Koburger für die Autorschaft Wohlgemuths ein Zeugniss beizubringen gesucht. In dem Handexemplar von Hartmann Schedels Weltchronik findet sich nämlich ein Brief des Hieronymus Monetarius de Feltkirchen als Elogium auf Hartmann Schedel eingeheftet, worin es bezüglich der Zeichner der in der Chronik vorkommenden Holzschnitte heisst: »*Ut autem hoc opus tuum magis splendesceret, adhibuisti tibi quosdam pictores mathematicos, qui olim ad mandatum Maximiliani Romanorum regis invictissimi novi veterisque testamenti figuras in duos libros pinxerunt*«; von den Künstlern der Chronik aber sagt das Schlusswort derselben: »*adhibitis tamen viris mathematicis pingendique arte peritissimis, Michaele Wohlgemuth et Wilhelmo Pleidenwurff, quorum solerti acuratissimaque animadversione tum civitatum tum illustrium virorum figurae insertae sunt.*« Darin glaubt Hase die Bestätigung zu finden, dass Michel Wohlgemuth und Wilhelm Pleidenwurff die Illustrationen für die kölnische Bibel besorgt hätten.

Andere Bibliographen stellten den Johann von Paderborn (?) als Verfertiger auf.

---

[1]) von Murr, Journal zur Kunstgeschichte, 2ter Theil p. 132.
[2]) Heller, Geschichte der Holzschneidekunst p. 71.
[3]) Hase, Die Koburger. Buchhändlerfamilie zu Nürnberg. Leipzig 1865.

Der Jesuit Harzheim,[1] dem sich Niesert und Lempertz anschliessen, führte den Israel von Mecheln auf den Schauplatz.

Was Wohlgemuth anlangt, so enthält die von Hase angeführte Stelle mehr als eine Dunkelheit. Was es mit dem Auftrage des Königs Max für eine Bewandtniss hat, ist ganz unsicher. Ferner liegt nicht die geringste Nöthigung vor, dass die »novi veterisque testamenti figurae« auf die kölnische Bibel bezogen werden müssen. Wenn das der Schreiber gewollt hätte, würde er den Ausdruck anders gewählt haben; er hätte namentlich nicht das »novi« vorangestellt, da in der kölnischen Bibel 96 Holzschnitte dem Alten und nur 12 dem Neuen Testamente gewidmet sind. Was er meint, wird vielmehr eine Concordanz des Neuen und Alten Testamentes sein, wie sie im Koburgerschen Schatzbehalter von 1491 erhalten ist. Allerdings bleibt auch hier noch Manches dunkel, das olim und die duo libri lassen sich nicht erklären. Gewiss ist aber, dass die Bibelbilder mit denen der Chronik keineswegs so grosse Aehnlichkeit haben wie Hase angibt. Im Gegentheil, es ist unglaublich, dass ein Künstler in 12 Jahren sich so verändern kann, um gleiche Szenen so grundverschieden aufzufassen, ganz abgesehen von einigen äusserlichen Liebhabereien, die nur in der Kölner Bibel, nie im Schatzbehalter uns aufstossen. Fast auf jedem Bibelbild fliegt ein Vogel durch die Luft, der im Schnabel einen grünen Zweig hält, überall sieht man Flüsse mit Schwänen oder Berge mit Windmühlen. Bei Wohlgemuth findet sich von diesem charakteristischen Detail nirgends eine Spur.

Ueber Israel von Mecheln oder gar Johann von Paderborn aber wissen wir viel zu wenig, um mit einiger Sicherheit die Holzschnitte auf einen von ihnen zurückführen zu können. Erst wenn die thätige Theilnahme Israels an dem Formschnittwesen der damaligen Zeit näher bestätigt ist, wenn man seine Werke mit den Holzschnitten der Bibel und anderen verglichen hat und gesucht, ob sich Analogien vorfinden, kann man von Neuem auf die Frage zurückkommen.

Sicher ist, dass die Holzschnitte viel mehr einen kölnischen als einen nürnbergischen Charakter tragen. Ueberall zeigen sich die Spuren der Einwirkung der Eyckischen und Kölnischen Schule; die Art, wie die Figuren gezeichnet und die Gewänder gelegt sind, der Mangel an Perspective in Zeichnung der Landschaften und anderer Beiwerke charakterisirt hinreichend den Ort ihrer Entstehung; und läse man auch nicht in der Vorrede »gedruckt in der louvelichen stat Kölne«, so würde man doch aus mehreren Anzeichen die Bilder für Produkte Kölner Meister halten. Die Inschrift »Joseph Broedere« auf dem Bilde, wo Joseph in

---

[1] Biblioth. Colon p. 212.

Aegypten seine Brüder empfängt, weist ferner mit Evidenz auf einen niederdeutschen Verfertiger hin, denn Wohlgemuth würde geschrieben haben »Joseph Brueder«. Den Ausschlag gibt aber, dass der Holzschnitt zum 6ten Capitel des Buches Esdra die Hauptgiebelmauer des Cölner Domes mit dem Domkrahnen darstellt. Wie Wohlgemuth darauf gekommen sein sollte, den kölnischen Dom zu zeichnen, ist ganz unersichtlich. Die Worte der Vorrede sagen, die Abbildungen seien deshalb da, damit auch diejenigen, welche des Lesens unkundig seien, sich in die Schrift vertiefen können, und bezeichnen sie als Copien der Tafelbilder »soe sy van oldes ouck ende capittulen kercken ende cloesteren gemaelt staen«. Für gleichzeitige Tafelbilder der Eyckischen oder der sich auflösenden kölnischen Schule würden sie allerdings einen schlechten Ersatz gewähren. Der erste Eindruck ist ein entschieden unfreundlicher. Aber sie dürfen auch nicht mit Tafelbildern, sondern nur mit gleichzeitigen Bibelillustrationen verglichen werden, um in ihrem vollen Werth zur Geltung zu kommen. Zwei selbständige illustrirte Bibeln waren vorher erschienen: die Pflanzmannsche in Augsburg und die Sensenschmidtsche in Nürnberg. Die Holzschnitte der ersten waren wenige Centimeter hoch, ganz in Spielkartenmanier gehalten und beschränkten sich auf rohe Wiedergabe der Umrisslinien, die einzelnen Holzstöcke wurden in der langweiligsten Weise wiederholt, eine streng sachliche Illustration war gar nicht angestrebt. In der Nürnberger Bibel war die figürliche Darstellung dem Raum der grossen Initialbuchstaben eingeordnet, und schon dadurch konnte sie nicht zur freien Entfaltung kommen. Hier zum ersten Mal wird die Bibel mit grossen mehrfigurigen Holzschnitten illustrirt, keiner wird wiederholt, eine Fülle neuer Motive tritt uns entgegen. Und so ist es begreiflich, dass die Holzschnitte dieses Buches in der Geschichte der Bibelillustration Epoche machen, und dass kaum eine der später erschienenen Bibeln sich ihrem Einfluss entziehen kann.

Technisch stehen sie auf verschiedener Höhe. Die mit ziemlicher Fertigkeit geschnittenen Randleisten mit ihren kecken Gruppirungen und Figuren sind am bedeutendsten und werden wahrscheinlich die zuletzt gefertigten Arbeiten sein. Am tiefsten stehen die Nummern 7, 8, 13 und 16, die obendrein mit einem sehr stumpfen Messer geschnitten sind. Die hässlichen spitzen Kniee der aus dem Paradies vertriebenen ersten Eltern im Eingangsholzschnitt werden ebenfalls nicht auf die Rechnung des Zeichners sondern des Holzschneiders zu setzen sein.

Die Verschiedenheiten der beiden Ausgaben sind gering. In der ersten fehlen die in der zweiten befindlichen Holzschnitte der Apokalypse, wo Päpste, Cardinäle und Bischöfe in die Hölle gestürzt und vom Teufel gepeinigt werden. Der kleine Holzschnittt bei den apostolischen Briefen (eine nach links gewendete Person, welche dem im Angesichte von Rom sitzenden Papste einen Brief uberreicht), der in der ersten Ausgabe mehrmals abgedruckt ist, wurde, wahrscheinlich durch dieses häufige Abdrucken zu stumpf geworden, in der zweiten Ausgabe durch eine Copie von der Gegenseite ersetzt. —

Die achte deutsche Bibel ist die schon erwähnte 1483 von Anton 8. Koburger in Nürnberg gedruckte.[1]) Die Holzschnitte sind von denselben Stöcken wie diejenigen der kölnischen Bibel abgezogen. Die einzigen Unterschiede zwischen den beiden Ausgaben sind, dass Koburger die Randverzierungen weggelassen hat und dass er im Neuen Testament statt der 31 Holzschnitte der kölnischen Ausgabe nur 12 anwendete: vor jedem der 4 Evangelisten einen und 8 in der Apokalypse. Seine Bibel hat also im Ganzen 107 Abbildungen.

Die 9te illustrirte Bibel erschien zwei Jahre später (1485) in Strassburg[2]) 9. und ist die erste, welche die 108 Holzschnitte der kölnischen Bibel in verkleinerten Copien wiederholt. Der erste Holzschnitt (das Weltall mit der Schöpfung der Eva), welcher in der Kölner Bibel h. 190 br. 190 mm. war, ist hier nur h. 130 br. 135 mm., die andern, welche dort h. 120 br. 188 mm. waren, haben hier nur eine Höhe von 100 und eine Breite von 135 mm. Durch diese Verkleinerung war der Verfertiger genöthigt, die Details grösstentheils wegzulassen. So fehlt der in der Kölner Bibel fast auf jedem Bilde durch die Luft fliegende Vogel, es fehlen die Schwäne in den Teichen und die Windmühlen. Dass der Zeichner überhaupt nicht sclavisch copirt hat, zeigt der Umstand, dass auf dem Holzschnitt, welcher Joseph und seine Brüder darstellt, die niederdeutsche Inschrift »Joseph Broedere« in »Joseph Brueder« umgewandelt ist. Grössere Veränderungen hat er nur selten vorgenommen. So sieht man in der Kölner Bibel beim Durchgang durchs rothe Meer das Meer links, die Israeliten rechts. Die Verbindung zwischen diesen und den Aegyptern ist durch die Nachzügler, die noch am Ufer heraufsteigen, in geschickter Weise aufrecht erhalten. Hier dagegen stehen die Israeliten als geschlossene Masse am Ufer, das Meer ist durch hohe Felsen von ihnen getrennt, und die Aegypter sind bis auf ihren Pharao schon alle in den Fluthen zu Grunde gegangen. Mit den Bildern der Kölner Bibel verglichen, bezeichnen die der Strassburger einen grossen Rückschritt.

---

[1]) Fol.—Ebert, Bibliographisches Lexikon No. 2170.—Hain, Repertorium bibliographicum I, 1, p. 419 No. 3137.—Panzer, Annalen der ältern deutschen Literatur I p. 133 No .166.—Panzer, Geschichte der nürnbergischen Ausgaben der Bibel p. 65 ff.

[2]) Fol.—Panzer, Annalen der ältern deutschen Litteratur I p. 154 No. 214.—Hain, Repertorium bibliographicum I p. 420 No. 3138.

10./11. Die 10te und 11te illustrirte deutsche Bibel druckte Schoensperger in Augsburg in den Jahren 1487 [1]) und 1490 [2]). Die 118 Holzschnitte, welche er in beiden anwendete, sind ebenfalls verkleinerte Copien der in der Kölner Bibel befindlichen, jedoch neu angefertigt und von denen der Strassburger verschieden. Sie nehmen die Breite der zwei Columnen ein und betragen in der Höhe nicht ganz die Hälfte des Blattes. Auf den beiden Schlussholzschnitten des ersten und zweiten Bandes, von denen der eine David mit der Harfe, der andere eine Szene aus der Apokalypse darstellt, befindet sich das Monogramm I h welches die kölnische Bibel nicht hatte und das sich nur auf den Künstler beziehen kann, welcher die Holzschnitte jener Bibel für Schoensperger umzeichnete und verkleinerte. Nagler (Monogr. III, 653) hat den Versuch gemacht, es auf den Augsburger Briefmaler und Buchdrucker Hans Bämler zu deuten. Da es sich aber in keinem der Bämler'schen Drucke vorfindet, wo es zuerst gesucht werden müsste, ist diese Deutung sehr unwahrscheinlich.

12. Die 12te illustrirte (niederdeutsche) Bibel erschien bei Stephan Arndes in Lübeck 1494 [3]) und ist die letzte deutsche Bibel vor Luther, die selbständige Illustrationen enthält. Die sehr zahlreichen Holzschnitte stehen vollkommen auf der Höhe der Zeit, wenn sie auch im Verlaufe des Buches theils geringer werden, theils ganz aufhören. Der erste befindet sich auf Blatt 3b vor der Epistel des Hieronymus, der zweite auf Blatt 7a vor der Genesis. Sechs, zu denen im Texte der Raum freigelassen ist und die sich in andern Exemplaren vorfinden, sind in einigen nicht enthalten: die Israeliten speisen in der Wüste die himmlischen Brode — Josua hängt die 5 Könige — Joab ersticht den Abner — Acham und Theglat phalassar — Ezechias bei König Sanherib von Assyrien. — Die Holzschnitte stehen künstlerisch weit über denen der Kölner Bibel und zeigen einen Meister aus der erlöschenden altniederländischen Schule. Die Charakteristik der Köpfe ist schön und geistreich, jedoch neigt sich der Künstler

---

[1]) Fol. — Panzer, Annalen der älteren deutschen Litteratur I. p. 182 No. 285. — Panzer, Ausführliche Beschreibung der augsburgischen Ausgaben der Bibel No. X. p. 27.

[2]) Kl. Fol. — Panzer, Ausführliche Beschreibung der augsburgischen Ausgaben der Bibel No. XII. p. 28 — 33.

[3]) De Biblie mit vlitigher achtinghe : recht na deme latine in dudesk averghesettet. Mit voluchtinghe unde glose: des hochgelerden Postillatoers Nicolai de lyra Unde anderer velen hillighen doctoren. Gr. Fol. — Hain, Repert. bibl. No. 3143. — Panzer, Annalen p. 209 Nn. 374. — Götze, Historie der gedruckten niedersächsischen Bibeln, Halle 1775, p. 85. ff. — Ebert, Bibliogr. Lexikon No. 2348. — Deecke, Nachrichten von den im 15ten Jahrhundert in Lübeck gedruckten niedersächsischen Büchern p. 20 No. 36. — Dibdin, Bibliotheca Spenceriana I. p. 55 ff. — Falkenstein, Geschichte der Buchdruckerkunst p. 177. — Fehlt in Brunet's Manuel. — Grässe, Trésor I. p. 377. — Weigel, Kunstlager Kataloge No. 18770. — Bodemann, Incunabeln der Kgl. Bibliothek zu Hannover.

in der Auffassung bereits dem Scherzhaften, ja dem Burlesken zu. So ist der Weiberkopf der Schlange im Paradies mit einer Mütze bedeckt. Bei der Arche Noah sieht man Sirenen. Kain erschlägt seinen Bruder mit einem Eselskinnbacken. Er steht vor Gott und scheint nach dem Reichsapfel, welchen dieser in der Hand hält, mit der linken zu greifen, sucht aber mit der rechten seinen Eselskinnbacken hinter dem Rücken zu verbergen. Jacobs Leichenträger erscheinen in Mönchskleidung. Moses, soeben aus dem Wasser gezogen, speist, als ihn die Prinzessin ihrem Vater zeigt, schon als wohlbeleibter Knabe aus einer Pfanne, die ihm eine Frau vorhält, und Anderes.

Die übrigen Bibeln gehören dem 16ten Jahrhundert an.

Die 108 Holzschnitte in der deutschen Bibel, welche Johannes Othmar in Augsburg 1507 [1]) druckte, sind verkleinerte Copien der in der kölnischen Bibel von 1480 enthaltenen, wie sie bereits Schoensperger in seiner Bibel von 1487 angewendet hatte. Da in Othmars Ausgabe die beiden Columnen breiter sind als in der Schoenspergerschen, so mussten nur den Holzschnitten, damit sie die Breite der Columnen einnahmen, Zierleisten angefügt werden.

Dieselben Holzschnitte hat dann Silvan Othmar in Augsburg noch einmal in seiner Bibel von 1518 [2]) verwendet, die sich von der von 1507 nur durch die neue Titeleinfassung unterscheidet.

Die letzte (nieder)deutsche Bibel vor Luther ist die 1520 bei Ludwig Trutebul in Halberstadt erschienene ›Biblia dudesch‹, die einige grosse Blätter eines unbekannten tüchtigen Künstlers CG enthält. Das erste (h. 195 br. 195) steht bei der Vorrede des Hieronymus. In einem durch zwei vergitterte Fenster beleuchteten säulengetragenen Zimmer sitzt an einem reichen Tische schreibend der Heilige, zu dessen Füssen der Löwe liegt. An der Hinterwand hängt ein Vogelbauer, der Cardinalshut und eine Anzahl verschiedener Instrumente, auf dem Fenstergesims liegt ein Todtenkopf, auf dem Tische steht ein Crucifix; an dem oberen Mauergewölbe liest man 1520 CG. — Darauf folgt die ebensogrosse Darstellung der Erschaffung der Eva, die in einem phantastischen Raume vor sich geht, in dem man oben Wolken mit den Gestirnen, unten einen Fluss mit Fischen, in den Ecken die vier Winde bemerkt. In der Mitte ist die felsige Erde, wo Hasen und Hirsche laufen und Gottvater die Eva aus der Rippe des schlafenden Adam hervorzieht.

---

[1]) Fol.—Panzer, Annalen der ältern deutschen Litteratur I. p. 275. No. 575. — Panzer Beschreibung der Augsburger Ausgaben der Bibel No. XIX. p. 47—51.

[2]) Fol. — Panzer, Beschreibung der augsburgischen Ausgaben der Bibel No. XX. p. 51—55; Annalen I. 410.

Oben schaut er von Engeln umgeben noch einmal auf die Erde herab; links steht auf einer Tafel 1520 CG. Wie schon aus der Beschreibung erhellt, ist der Holzschnitt vollständig im Anschluss an denjenigen der Kölner Bibel entworfen; der einzige Unterschied ist, dass dort die Schöpfung der Engel, des Sternenhimmels, des Wassers, der Fische, der Erde in verschiedenen concentrischen Kreisen dargestellt war, während hier alles zu einer phantastischen Landschaft zusammengezogen ist. Einen noch viel engeren Anschluss an die Kölner Bibel verräth der dritte (h. 120 br. 190) Holzschnitt, welcher den Sündenfall und die Vertreibung aus dem Paradiese darstellt und links unten wieder mit 1520 bezeichnet ist. Für die weitere Illustration findet man die Originalholzstöcke der kölnischen Bibel, ausserdem vor jedem Buch den schreibenden Hieronymus des Künstlers CG wieder abgedruckt.

Die Bibel wurde also vor Luther 17mal in deutscher Uebersetzung (14mal in hochdeutscher, 3mal in niederdeutscher Sprache) gedruckt. Von diesen 17 Ausgaben fehlten nur den beiden ersten die Holzschnitte, die 15 andern waren reich mit solchen illustrirt. Die erste illustrirte deutsche Bibel erschien um 1470 in Augsburg bei Pflanzmann, die zweite um 1472 bei Frisner und Sensenschmid in Nürnberg, die dritte bei Günther Zainer in Augsburg 1473—75, die vierte ebenda 1477, die fünfte bei Anton Sorg in Augsburg 1477, die sechste ebenda 1480, die 7te bei Heinrich Quentel in Köln um 1480, die 8te bei Anton Koburger in Nürnberg 1483, die 9te in Strassburg 1485, die 10te bei Schoensperger in Augsburg 1487, die 11te ebenda 1490, die 12te bei Arndes in Lübeck 1494, die 13te bei Johannes Othmar in Augsburg 1507, die 14te bei Silvan Othmar 1518, die 15te bei Trutebul in Halberstadt 1520. Wie bei allen häufig gedruckten Büchern die Holzschnitte von einer Ausgabe in die andere übergingen, wurden auch nicht für jede neue Bibelausgabe neue Holzschnitte angefertigt, sondern die Bilder gewöhnlich früheren Ausgaben entlehnt. So entstehen bezüglich der Illustrationen mehrere Gruppen. An der Spitze der ersten Gruppe steht die Pflanzmannsche Bibel von 1470, deren Holzschnitte von Sorg in seiner Ausgabe von 1477 wieder abgedruckt wurden. An der Spitze der zweiten die Sensenschmidtsche Bibel von 1472, deren Illustrationen in Zainers Ausgaben von 1473 und 1477 sowie in Sorgs Ausgabe von 1480 Nachahmung finden. Den weitesten Umkreis hat die dritte Gruppe, die von der kölnischen Bibel von 1480 beherrscht wird. Ihre Holzschnitte werden in derselben Grösse von Koburger in Nürnberg 1483 und von Trutebul in Halberstadt 1520, in verkleinerten Copien in der Strassburger Bibel von 1485, den beiden Schoenspergerschen Ausgaben von 1487 und 90 sowie den beiden Othmarschen von 1507 und 1518 wieder abgedruckt. Die vierte Stelle nimmt die 1494 erschienene lubeckische Bibel ein, deren Holzschnitte indessen nirgends eine Nachahmung finden. Die Holzschnitte der ersten Gruppe waren rohe, vollständig in Spielkartenmanier gehaltene Platten, in denen der zweiten war die figürliche Darstellung dem Ramme der Initialen eingeordnet, die der dritten brachten die ersten grösseren figurenreichen Compositionen. Die Holzschnitte der Lübecker Bibel endlich waren noch weit vollkommener und interessant deshalb, weil sie sich der scherzhaften, komischen Auffassung zuneigten.

Unter den kleineren Theilen der Bibel, welche vor Luther in illustrirten Ausgaben erschienen, steht Dürers Apokalypse von 1498 obenan, von der 1502 Hieronymus Greff in Strassburg einen Nachdruck veranstaltete. Sie ist für alle späteren Illustrationen zur Apokalypse die Grundlage geblieben.

Cap. II.

DIE ORIGINALAUSGABEN DER LUTHERSCHEN BIBELÜBERSETZUNG.

Die Luthersche Bibelübersetzung macht nicht nur Epoche in der Geschichte der deutschen Litteratur, sondern auch in derjenigen der Illustration.

Den Anfang machte die im September 1522 erschienene, von Melchior Lotther gedruckte, erste Folioausgabe des Neuen Testamentes mit dem einfachen Titel »Das Newe Testament. Deutzsch Vuittemberg«.[1]) Es enthält an Holzschnitten vor den Evangelien die 4 Evangelisten, vor der Apostelgeschichte die Ausgiessung des heiligen Geistes, vor den Briefen die einzelnen Verfasser, ferner 21 Figuren zur Apokalypse, welche je 230 mm. hoch und 160 mm. breit sind und immer die ganze Folioseite füllen. Die letzteren sind am bedeutendsten. Sie waren die ersten apokalyptischen Darstellungen seit Dürer und schliessen sich mit wenigen Ausnahmen an die Blätter des Altmeisters an. Beim ersten Holzschnitt

---

[1]) Das Newe Testament Deutzsch. Vuittemberg. In Folio. Panzer, Entwurf einer vollständigen Geschichte der deutschen Bibelübersetzung Luthers p. 55—58. Die Vergleichung der Wittembergischen Apokalypse mit der Dürerschen nach Vögelin, Ergänzungen und Nachweisungen zum Holzschnittwerk Hans Holbeins des Jüngern, Repertorium für Kunstwissenschaft a. a. O.

ist die Composition Dürers im Wesentlichen beibehalten. Die Unterschiede sind, dass Christus nicht wie bei Dürer auf dem Regenbogen sitzt, sondern in den Wolken steht, die Rechte mit den sieben Sternen ausstreckt, die Linke gesenkt hält, und dass Johannes nicht wie dort vor Christus kniet, sondern mit gefalteten Händen zu dessen Füssen liegt; die sieben Leuchter sind nicht mehr in spätgothischem, sondern in Renaissancestyl gehalten. — Die darauf folgende Anbetung des Lammes entspricht in ihrer Disposition dem obern Theil des Dürerschen Bildes. Die Figur auf dem Throne und der anbetende Johannes sind identisch, dagegen sind die geöffneten Himmelsthüren, die vier Winde, die Stühle der Aeltesten und der untere Theil des Bildes weggelassen. — Auf dem dritten Blatt, den vier Reitern, stimmen die drei oberen Reiter mit dem Vorbild überein, dagegen ist der Tod, der bei Dürer mit Haut und Haaren bekleidet war, hier ein nacktes Knochengerippe. — Dürers vierte Figur, welche oben darstellte, wie den Märtyrern unter dem Altar weisse Gewänder gegeben werden, unten wie die feurigen Sterne vom Himmel auf die Erde fallen, ist in zwei Bilder getheilt. Bei dem einen, welches darstellt, wie die Märtyrer im Himmel bekleidet werden, ist die Composition mehr in die Höhe gezogen und hat einige Figuren weniger. — Das andere gibt die untere Hälfte der Dürerschen vierten Figur. Die Darstellung links, wie sich ein König und viele andere Menschen in eine Felshöhle verkriechen, ist von dort herüber genommen. Dagegen ist an die Stelle der bei Dürer rechts befindlichen Gruppe von Wehklagenden hier die Darstellung des Erdbebens getreten. — Das 6te Blatt ist eine gegenseitige Copie von Dürers fünfter Figur, wie ein Engel mit dem Kreuz durch den Himmel fliegt und auf der Erde rechts die Engel den Winden Halt gebieten, während links die Knechte Gottes bezeichnet werden. — Im 7ten Blatt, welches Dürers 6ter Figur entspricht und die Ereignisse zeigt, welche auf das Posaunen der vier ersten Engel folgen, ist der Stern Wermuth, der bei Dürer vom Himmel in eine Cisterne fiel, weggelassen, und während bei Dürer ein Rabe durch den Himmel flog und We, ve, ve schrie, thut es hier ein Engel. — Das 8te Blatt, welches das Posaunen des 5ten Engels darstellt, ist neu eingeschoben, also selbständig. Der Stern fällt vom Himmel in den Brunnen des Abgrundes, welchem Rauch und Heuschrecken entsteigen. Rings um den Brunnen liegen die getödteten Menschen. — Das 9te Blatt wiederholt in matter Weise Dürers 7te Figur, wie auf das Posaunen des 6ten Engels die Geharnischten auf den Löwenpferden dahinstürmen. Der hauptsächlichste Unterschied ist, dass sie hier nicht wie bei Dürer durch den Himmel, sondern auf der Erde reiten. — Das 10te Blatt zeigt wie Dürers 8te Figur den Engel mit den feurigen Säulenbeinen, der dem Johannes das Buch reicht, welches dieser verschlingt. An die Stelle der Bundeslade, die bei Dürer, von Engeln umgeben, rechts im Himmel stand, und des links zur Erde herniederfliegenden Engels ist ein Regenbogen getreten. — Das 11te Blatt, wie Johannes mit langem Stabe den Tempel vermisst, war bei Dürer noch nicht vorhanden. Der Tempel ist als dreischiffige Basilika mit Compositasäulen und gothischem Chor gedacht. Im Vordergrunde stehen die zwei Zeugen, gegen welche sich das mit der dreifachen Papstkrone geschmückte Thier aus dem Abgrund erhebt. — Dürers 9te und 10te Figur, welche das gebärende Weib auf der Mondsichel und den Sturz des Drachen durch den Erzengel Michael darstellten, hat der Wittenberger Zeichner in eine zusammengezogen. Die untere Hälfte, der Drache, das Weib und ihr zu Gott entrücktes Kind, sind übereinstimmend mit Dürers 9ter Figur, nur Gott, der bei Dürer von anbetenden Engeln umgeben war, ist hier ohne Engelbegleitung, dafür steht neben ihm die aus Dürers 8ter Figur herübergenommene Bundeslade. Neben Gott sieht man ferner die zwei aus Dürers 10ter Figur genommenen Engel, die mit Schwert und Spies auf den Drachen eindringen. — Das 13te Blatt, welches Dürers 11ter Figur entspricht, wo der siebenköpfige Drache dem Meere entsteigt, gibt nur die untere Hälfte dieser Composition. Der Drache ist ähnlich gezeichnet, steigt aber nicht aus dem Meere auf; die Menschen, die vor dem Drachen knieen, sind frei umgebildet. Das andere Thier, welches die Menschen auffordert den Drachen anzubeten und das bei Dürer halb Löwe halb Widder war, ist hier halb Widder halb Schwein und hat eine Mönchskaputze. Die ganze obere Szene, wo bei Dürer Gottvater mit einer Sichel in der Hand im Himmel stand und rechts von Engeln angebetet wurde, ist weggelassen, dafür der Himmel mit Wolken und Feuerrregen ausgefüllt. — Auch das 14te Blatt ist von Dürers 12ter Figur, welche die Anbetung des Lammes und die Seligkeit der Märtyrer schilderte, vielfach verschieden. Die obere Hälfte zeigt wie dort die Anbetung des Lammes, darunter den Engel mit dem Buch des ewigen Evangeliums, den zweiten, der den Fall Babylons, und den dritten, der das Gericht über die Anbeter des Thieres verkündet. An Stelle der unteren Hälfte des Dürerschen Bildes, der Schaar der Seligen, ist hier der Fall von Babylon eingesetzt. Und zwar wurde, da Luther auf die polemischen Illustrationen grosses Gewicht legte, hier eine der in den *Mirabilia Urbis Romae* vorkommenden perspectivischen Ansichten von Rom angewandt, so dass das Bild also nicht den Sturz Babylons sondern den Untergang Roms darstellte. — Von jetzt an wird der Zusammenhang mit Dürer noch lockerer. Im 15ten Blatt sitzt Gottvater mit der Sichel in der Hand auf der Wolke und ertheilt dem mit gefalteten Händen vor ihm knieenden Engel einen Befehl; dieser fliegt zur Erde hernieder. Dort schneidet in einem Garten ein Engel das Aehrenfeld ein zweiter die Weintrauben, ein dritter bringt die Trauben in einer Butte zur Kelter, welche ein vierter tritt. — Auf dem 16ten Blatt giessen die sieben Engel ihre Zornschalen aus. Drei kranke Männer veranschaulichen die Plagen, die den Menschen daraus erwachsen. Im Vordergrund auf gepolstertem Throne sitzt der Drache mit der dreifachen Krone, aus dessen Mund Frösche ausgehen. Ihm gegenüber stehen die Fürsten der Erde. — Die folgenden drei Figuren erweitern Dürers 13te Figur, welche darstellte, wie im Himmel der Engel den Fall Babylons verkündet, auf Erden die babylonische Hure den Völkern den Taumelkelch bietet. Das 17te Blatt zeigt, wie die babylonische Hure, mit der dreifachen Krone geschmückt, den Völkern den Kelch bietet, und ist frei nach Dürer componirt. — Das 18te Blatt gibt die zwei Engel im Himmel, von denen der eine die Vernichtung Babylons, d. h. hier die Zerstörung Roms, verkündet, über welche fünf Kaufleute, d. h. hier römische Kanonisten, wehklagen. — Das 19te Blatt zeigt, wie im Himmel das Heer Gottes das des Satans zurückwirft, wie der Engel die Vögel zum Frass herbeiruft, und im Vordergrunde der Drache aus dem Himmel in den brennenden Schwefelpfuhl stürzt. — Die beiden letzten Blätter 20 und 21 erweitern Dürers letzte (14te) Figur, wie im Vordergrund der Engel den Drachen in den Abgrund verschliesst, im Hintergrund der Engel dem Johannes das himmlische Jerusalem zeigt. Das 20ste Blatt stellt dar, wie der Engel den Drachen in die Cisterne verschliesst. Das 21ste zeigt, wie der Engel den Johannes das himmlische Jerusalem sehen lasst, und ist eine gegenseitige des entsprechenden Dürerschen. Im Vordergrund steht das Monogramm *IB* — Ueber den Zeichner der Bilder, über welchen die mannigfaltigsten Vermuthungen aufgestellt wurden, gibt dieses Zeichen keinen Aufschluss. Von vornherein auszuschliessen ist die von Brulliot I No. 962 vorgeschlagene Deutung auf Hans Brosamer, der sich (Passavant IV p. 32) nie so schrieb, 1522 auch noch zu jung war um solche Compositionen zu zeichnen. Als sicher kann nur gelten, dass die Blätter in Wittenberg entstanden sind. Luther selbst hat nach Krafts »Historischer Nachricht von der verdeutschten Bibel Doct. Martini Lutheri« die Bilder angegeben, um dem Volke die Deutung der Apokalypse auf das Papstthum zu veranschaulichen. Im Jahre 1527 waren die Holzstöcke im Besitze Cranachs, der sie dem katholischen Theologen Emser für seine 1527 bei Stöckel in Dresden erschienene Uebersetzung des Neuen Testamentes um 40 Thaler abliess. Es ist also wahrscheinlich, dass sie in Cranachs Werkstätte entstanden, der sie von seinen Schülern arbeiten liess und zum Schlusse selbst Correcturen vornahm. So erklärt sich auch die verschiedene Tüchtigkeit der einzelnen Blätter, unter denen No. 5. 6. 14. und 20. am tiefsten, No. 1. 3. 13. 16. 17. 18. und 21 am höchsten stehen. Dass Luther bei der ersten Ausgabe seiner Bibelübersetzung nicht mehr

Gewicht auf die Illustrationen legte, sie nicht durchgängig von Cranach ausführen liess, darf nicht wunderbar erscheinen. Der Gedanke an diese polemischen Bilder ist ihm vielleicht erst während des Druckes gekommen, und so mag die Arbeit gedrängt haben.

Schon im December 1522 erschien bei Melchior Lotther die zweite [17.] Folioausgabe,[1]) deren Holzschnitte mit denen der ersten vollkommen übereinstimmen, nur dass auf den Blättern 11, 16 und 17 das aus dem Meere aufsteigende Thier, der Drache und die Hure nicht mehr eine dreifache sondern eine einfache Krone tragen.

Diese dermassen veränderten Holzschnitte wurden in allen späteren Folioausgaben wiederholt, der 3ten 1524 von den Gebrüdern Melchior und D. Michel Lotther gedruckten,[2]) die auf dem Titel oben ein Portal, unten Christus am Kreuz und ringsum knieende und sitzende Engel hat, sowie der 8ten, welche 1526 bei Michel Lotther erschien.[3]) [19.]

Als man jedoch auch Octavausgaben des Neuen Testamentes veranstaltete, konnte man diese grossen Holzschnitte nicht mehr brauchen, sondern musste neue anfertigen lassen. Man bediente sich dabei eines Künstlers GL, dessen Monogramm auf Gottfried Leigel gedeutet wurde. Die erste Ausgabe in Grossoctav, die 4te in der Reihe der Ausgaben des Neuen Testamentes erschien 1524 bei Melchior Lotther d. J.[1]) Die (h. 150 [20.] br. 100) Titeleinfassung ist eine verkleinerte Copie des für die Folioausgabe von 1524 angefertigten Portales mit Christus und den Engeln. Die übrigen Holzschnitte, welche sämmtlich die ganzen Seiten einnehmen, sind h. 145 br. 95 und beginnen mit den schreibenden Evangelisten. Matthäus sitzt unter einem Baume in einer Landschaft am Schreibpult, vor ihm auf einer Steinplatte steht ein Tintenfass, in das er die Feder eintaucht, die andere Hand liegt in einem aufgeschlagenen Buche, aus der Luft kommt der Engel herab. Der Ausdruck des Nachdenkens ist in vorzüglicher Weise wiedergegeben. Oben rechts steht MDXXII / GL .— Während Matthäus ganz im Profile von rechts gesehen war und nachdenklich in das Buch schaute, ist Marcus nach vorn gewendet und blickt nach links in den Himmel, gleich-

---

[1] Das newe Testament Deutzsch. Vuittemberg. Am Ende der Offenbarung: Gedruckt zu Wittemberg durch Melchior Lotther yhm tausent funffhundert zwey vnnd zwentzigsten Jar. In Folio. Panzer Entwurf p. 58. No. 2.

[2]) Das newe Testament Deutzsch. Wittemberg. Am Ende der Offenbarung: Gedruckt zu Wittemberg Melchior und Michel Lotther gebruder MDXXIIII. In Folio. Panzer Entwurf p. 63 No. 5.

[3]) Das newe Testament deutsch. Wittemberg MDXXVI. Am Ende: Gedruckt zu Wittemberg Michel Lotther MDXXVI. In Folio. Panzer Entwurf p. 69. No. 10.

[4]) Das newe testament deutzsch, Mart. Luther. Wittemberg MDXXIIII. Am Ende der Offenbarung: Gedruckt zu Wittemberg Melchior Lotther der junger MDXXIIII. In gros Octav. Panzer, Entwurf p. 64, No. 6.

sam da seine Erleuchtung suchend. Auch er sitzt in einer Landschaft, im Vordergrunde rechts wächst ein hoher Baum, an dessen Fusse sich der geflügelte Löwe niedergelassen hat. Um sein Haupt geht ein grosser Heiligenschein, in der Luft schwebt Gottvater. Lucas ist wieder nach rechts gewendet und hat sein Buch auf einem überwölbten Treppenvorsprung niedergelegt. Links ist ein Baum, rechts der Ochse, im Hintergrunde ein hoher Berg mit einer Burg. Während Marcus wie von einer augenblicklichen Begeisterung inspirirt war, brütet Lucas, ein ältlicher Mann mit einer Kappe auf dem Haupte und straff herabhängendem Haar, dumpf vor sich hin. — Der jugendliche Johannes, der mit einem Buch auf dem Schoosse links in einer Landschaft auf dem Boden sitzt, taucht die Feder ein und blickt nach der rechts in den Wolken schwebenden Maria. — Bei der Ausgiessung des heiligen Geistes vor der Apostelgeschichte ist der Künstler vielfach von der gewöhnlichen Anschauung abgewichen. Maria kniet erhöht in der Mitte, so dass sie um Kopfeshöhe die ringsum Knieenden überragt. Der darüber schwebende heilige Geist ist nicht wie gewöhnlich eine kleine Taube, sondern ein majestätischer Vogel, der mehr einem Adler gleicht. Rings um die Madonna knieen im Kreise die Apostel, dahinter drängt sich eine unübersehbare Menschenmenge. Die Flämmchen auf den Häuptern der Jünger fehlen. — Vor der Epistel des Paulus an die Römer sieht man Paulus baarhäuptig und baarfuss nach rechts gewendet an einem Mauervorsprung unter einem überwölbten Thore sitzen. Er hat ein aufgeschlagenes Buch und ein Tintenfass vor sich und übergibt einem Boten einen Brief zur Beförderung. Neben ihm liegen zwei gekreuzte Schwerter. — Vor dem ersten Brief an die Corinther steht Paulus baarhäuptig in einer Landschaft, das Schwert liegt rechts auf dem Boden. Vor ihm stehen 3 Männer, von denen der eine den ihm von Paulus übergebenen Brief hält, der andere auf eine im Holzschnitte nicht sichtbare Stadt hinweist. — Auf dem Holzschnitt vor der zweiten Epistel an die Korinther erhalten zwei Männer von Paulus den Brief, auf demjenigen vor der Epistel an die Galater haben sich die beiden Boten schon entfernt und Paulus, eine hochragende bärtige Gestalt mit dem Schwert in der Linken, steht allein im Vordergrunde einer Landschaft. — Die Holzschnitte vor den übrigen Episteln sind ähnlich. Vor der ersten Epistel St. Peters steht Petrus baarhäuptig und baarfuss, in flatterndem Mantel, von Paulus nur durch das besser gepflegte Haupt- und Barthaar unterschieden, nach rechts gewendet in der Lichtung eines Waldes und hält in der rechten Hand den grossen Schlüssel, in der linken einen Brief. Diesen nimmt ein vor ihm stehender Bote, der mit der rechten die Kappe lüftet, in Empfang. Im Hintergrunde sieht man mehrere Lanzenträger. — Der lockige Johannes hält in der linken Hand den Schlangenkelch, in der rechten den Brief; vor ihm kniet ein bartiger Bote, lüftet die Pelzkappe und übernimmt den Brief. Im Hintergrunde rechts liegt die Stadt, in den Wolken schwebt in der Glorie mit ausgebreiteten Armen der Schmerzensmann. — Jacobus, im Typus dem Paulus ähnelnd, steht in tiefes Nachdenken versunken, auf seinen Stab gestützt, in einer Landschaft, durch welche mehrere Lanzenträger dahinschreiten; im Hintergrunde erheben sich hohe Berge und Felsen. — Judas, auf eine grosse Keule gestützt, und dem Petrus ähnlich, steht predigend im Kreise zahlreicher um ihn sitzender Männer, rechts im Hintergrunde predigt ein anderer Mann. — Die Holzschnitte sind sämmtlich schön und namentlich als Landschaftsbilder von der grössten Bedeutung. — In den Blättern der Apokalypse hat sich der Künstler sehr eng an diejenigen der Folioausgabe angeschlossen. Beim ersten ist nur der Stil der Leuchter, ausserdem die Armhaltung des Heilandes verändert worden. Der zweite ist mehr in die Enge gezogen, ausserdem Gott mit dem Lamme und den Evangelistensymbolen noch von einer Glorie umgeben, die in der Folioausgabe fehlte. Beim dritten reitet der König mit dem Bogen, der in der Folioausgabe zuletzt ritt, vorn, der mit der Wage, welcher in der Folioausgabe der vorderste war, hinten. Die Gruppe der Menschen, die vom Tode übersprengt werden, ist frei umgezeichnet. Beim vierten ist am Throne mehr Ornament angebracht, der mittlere Engel, welcher die Gewänder herabreicht, blickt nicht nach vorn, sondern nach links, und von den 3 unten liegenden Männern sind hier nur 2 vorhanden. Beim 5ten ist die Mondsichel nicht nach Innen sondern nach Aussen gekehrt und die Gruppe der unter die Bergeshöhle geflüchteten Menschen neu gezeichnet. Beim 6ten ist der landschaftliche Hintergrund weggelassen und die Stellung des die Frommen bezeichnenden Engels eine andere geworden. Der 7te weist mit Ausnahme des reicher ornamentirten Thrones fast keine Veränderungen auf. Beim 8ten ist die Sonne von dem aus der Cisterne aufsteigenden Rauche noch nicht soweit verfinstert wie in der Folioausgabe, die Zahl der um die Cisterne herumliegenden Menschen grösser und der Hintergrund reicher, beim 9ten in die Reiter auf den Löwenpferden und die das Dritttheil der Menschen erschlagenden Engel mehr Bewegung gebracht, beim 10ten das Meer in einen kleinen Teich verwandelt und dafür die Landschaft um so mehr betont. Beim 11ten sind die beiden Zeugen bartlos und der Tempel ist nicht eine Renaissancebasilika sondern eine gothische Kathedrale. Das 12te Blatt, das schwangere Weib und die Entführung des Kindes, hat der Künstler fast durchweg kopirt; beim 13ten nur in der Gruppe der den Drachen anbetenden Menschen einige Veränderungen angebracht; beim 14ten das oben durch die Wolken dahinschreitende Lamm mit der Kreuzesfahne frei umgezeichnet; beim 15ten den zur Erde herabfliegenden Engel bewegter gebildet und den in der Folioausgabe durch die Landschaft hinfuhrenden Hohlweg weggelassen. Auf Blatt 16, wo die Engel ihre Zornschalen ausgiessen, sieht man links nur einen König und einen Ritter, während in der Folioausgabe eine Gruppe von vielen Männern beisammenstand. Auf No. 17, der den Völkern den Taumelkelch reichenden Hure, ist die rechts knieende Frau mit einem Schleppmantel versehen. Auf No 18, den Kanonisten, welche die Stadt Rom beklagen, läuft der mittlere, der dort ruhig stand, eilig herbei, wodurch das Motiv des verlorenen Buches und der verlorenen Kappe besser begründet ist. No. 19 ist eine vollständige Copie des entsprechenden Blattes der Folioausgabe. Auf No. 20 ist der Engel, welcher den Teufel einschliesst, nicht wie dort eine untersetzte sondern eine hochragende Gestalt, der Berg dahinter höher und steiler gebildet. Auch beim letzten findet man den Berg, auf dem Johannes steht, phantastischer und steiler gestaltet und die Flügel des Engels gewaltig vergrössert. Ob die Holzschnitte der Apokalypse auch von dem Künstler GL herrühren, ist zweifelhaft, jedenfalls sind sie weniger bedeutend als die der Evangelien. Die Zahl der Illustrationen beträgt mit dem Titelblatt zusammen 45, von denen 24 den Evangelien, der Apostelgeschichte und den Briefen, 21 der Apokalypse angehören. Sie nehmen sämmtlich das ganze Blatt ein; auf einigen steht die Jahrzahl 1523, auf der achten Figur in der Apokalypse XXII. Die Holzschnitte wurden in allen folgenden Grossoctavausgaben des Neuen Testamentes wieder abgedruckt: der 5ten, welche Melchior Lotther d. J. noch in dem-

21./22. selben Jahre (1524) veranstaltete,[1]) der 6ten, welche er 1525 druckte[2])
23. und der 9ten, welche 1527 bei Michel Lotther erschien.[3])

Die dritte Gruppe von Illustrationen bilden diejenigen, welche Hans Lufft zu den von ihm veranstalteten Ausgaben in Kleinoctav anfertigen

24. liess. Die erste derselben, die 7te in der Reihe der Ausgaben des Neuen Testamentes, erschien 1526[4]) und enthält nur in der Apokalypse 21 gute

25. Holzschnitte in der Grösse des Blattes — Bei der 1530 von Lufft gedruckten zweiten Ausgabe, der 10ten in der Gesammtreihe,[5]) ist das Format

---

[1]) Das newe Testament deutzsch. Mart. Luther. Wittemberg MDXXIIII. Am Ende der Offenbarung: Gedruckt zu Wittemberg Melchior Lotther der junger MDXXIIII. In gros Octav. Panzer Entwurf p. 66. No. 7.

[2]) Das newe testament deutsch. Mart. Luth. Wittemberg MDXXV. Am Ende der Offenbarung: Gedruckt zu Wittemberg Melchior Lotther der junger MDXXV. In gros Octav. Panzer Entwurf p. 67 No. 8.

[3]) Das Newe Testament Deudsch. Mart. Luther. Wittemberg. MDXXVII. Am Ende der Offenbarung: Gedruckt zu Wittemberg Michel Lotther MDXXVII. In gros Octav. Panzer Entwurf p. 73. No. 11.

[4]) Das newe Testament deutsch. Am Ende: Gedruckt zu Vuittemberg durch Johannem Lufft. Im Jar MDXXVI. In Octav. Panzer Entwurf p. 68 No. 9

[5]) Das Newe Testament Mart. Luther Wittemberg MDXXX. Am Ende des Registers: Gedruckt zu Wittemberg durch Hans Lufft. In gr. 8°. Panzer Entwurf p. 77. No. 14.

etwas grösser, die Holzschnitte nehmen daher nicht mehr die ganzen Blätter ein. Vor den Evangelisten, der Apostelgeschichte und den Briefen der Apostel stehen 13 Figuren, in der Apokalypse sind die 21 Figuren der Ausgabe von 1526 wiederholt und ausserdem noch 5 neue hinzugefügt worden, so dass also im Ganzen 26 darin enthalten sind. Neu hinzugefügt ist das 8te, 9te, 10te und 11te Blatt, welche die ersten 4 posaunenden Engel aus dem 8ten Capitel abbilden, und das 25te, welches die Niederlage der Türken vor Wien darstellt. Auf einem Zelte steht: Gog Magog und an der Mauer der Stadt: Wien. — In der bei Hans Lufft noch **26.** in demselben Jahre erschienenen 11ten Octavausgabe[1]) sind dieselben Holzschnitte wieder abgedruckt, nehmen aber diesmal die ganze Seite ein, weil das Format der Ausgabe kleiner ist. Das Titelblatt zeigt rechts den Heiland am Oelberg und oben den Engel mit dem Kelch, links die Fusswaschung und unten die Einsetzung des Abendmahles. — Zum drittenmale wieder- **27.** holte Lufft die Holzschnitte in seiner 1533 erschienenen 12ten Octavausgabe.[2])

*   *   *

Kaum hatte Luther im Jahre 1522 die Uebersetzung des Neuen Testamentes beendet, als er unverzüglich Hand an das alte Testament legte. Er übersetzte in erster Linie die 3 ersten Theile desselben, die er einzeln in Wittemberg erscheinen liess.

Der erste Theil, welcher die 5 Bücher Moses enthält, erschien 1523 **28.** bei Melchior Lotther in erster Folioausgabe unter dem Titel: »Das Allte Testament deutsch. M. Luther.[3]) Er enthält 11 Holzstöcke, welche bei einer Höhe von 220 — 232 und einer Breite von 130 — 160 mm die ganze Folioseite einnehmen. Der erste zeigt die Sündfluth. Oben ist schweres Gewölk, aus welchem sich der Regen über Land und Meer ergiesst, in der Mitte die Arche, ein langer flacher Kasten mit der Aufschrift: Der Kaste Noe, dahinter rechts auf dem Ufer ein todter Hund und ein todtes Pferd, an welchem ein Rabe pickt, darüber die Friedenstaube. Der untere Theil zeigt den überschwemmten Erdboden, auf welchem entwurzelte Bäume, todte Menschen und Vieh durcheinander liegen. — Der zweite stellt dar, wie der Engel den Abraham am Opfer seines Sohnes hindert. Isaak kniet

---

[1]) Das Newe Testament M. Luthers Wittemberg MDXXX. Am Ende des Registers: Gedruckt zu Wittemberg durch Hans Lufft. In Octav. Panzer Entwurf p. 82. No. 15.

[2]) Das Newe Testament D. Mart. Luther. Am Ende des Registers: Gedruckt zu Wittemberg durch Hans Lufft MDXXXIII. In Octav. Panzer Entwurf p. 84. No. 17.

[3]) Das Allte Testament deutsch. M. Luther. Vuittemberg. In Folio. Panzer, Entwurf p. 146. No. 1.

auf dem sorgfältig geschichteten Scheiterhaufen, das Gesicht halb nach dem Beschauer gekehrt. Von rechts kommt der rettende Engel. Im Gebüsche sieht man den Widder, im Hintergrunde links eine Stadt. — Darauf folgt die Darstellung, wie Jacob, eine plumpe Figur, der nach links gekehrt im Vordergrunde liegt, im Traume die nach rechts aufsteigende Himmelsleiter mit den Engeln sieht. Den Hintergrund bildet eine Landschaft mit einer Stadt. — Der Holzschnitt wie Joseph dem Pharao seine Träume auslegt, zerfallt in zwei Abtheilungen. In der oberen liegt Pharao in einem weiten leeren Gemache nackt in seinem Bette. Ihm zur Seite steht Joseph mit dem Gesicht dem Beschauer zugekehrt. In der unteren Hälfte stehen rechts die fetten und die mageren Kühe, links die fetten und die mageren Aehren. — Der 5te Holzschnitt ist dem Tempel gewidmet. Im Innern eines Gemaches steht der Räucheraltar, dahinter erhebt sich eine Mauer, auf welcher die Bundeslade prangt. — Unter den Geräthen der Stiftshütte auf Fol. 59 sieht man hinten den 7armigen Leuchter mit dem Lichtputzer, einen Becher und ein Licht, vorn den Schaubrodtisch, Schalen, Becher und Kannen. — Der Hof der Stiftshütte auf Fol. 60 ist mit grossen Steinen gepflastert und von einer Mauer umgeben. Im Vordergrund ist ein Teppich aufgespannt, im Hintergrunde sieht man rechts einen Wald, links Gebäude. — Der 8te soll die Construction der Stiftshütte veranschaulichen. In einem Gemache mit einer schmalen Lichtöffnung in der Hinterwand stehen in einer mit Steinplatten belegten oberen Abtheilung die Bretterladen der Stiftshütte, die in die Fussgestelle eingepasst und durch die Querstangen zu einer Wand verbunden sind. In der untern Abtheilung sieht man, wie die Laden und die Querstangen sich in den Ecken zusammenschliessen und wie den am Fussende der Laden angeangebrachten Zapfen die Fussgestelle entsprechen. — Der 9te Holzschnitt zeigt das Innere eines Gemaches. Der Boden ist mit Marmorplatten ausgelegt, im Hintergrund ein Springbrunnen, vorn der Brandopferaltar mit Opfergeräthen, Schaufel, Gabel und Schüsseln. — Der 10te gibt eine perspectivische Ansicht der Stiftshütte und ihres Hofes. Der von Säulen umschlossene Hof ist mit Steinen gepflastert. Darin steht der Brandopferaltar mit seinen Opfergeräthen, der Springbrunnen und die Stiftshütte. Bei dieser ist der Vorhang geöffnet und die Decke zurückgeschlagen, so dass man in's Innere blickt und den Leuchter, den Schaubrodtisch, den Räucheraltar und die Bundeslade bemerkt. Den Hintergrund bildet eine rohe Landschaft. — Der 11te Holzschnitt zeigt den Hohenpriester in Amtstracht, die Linke liegt in dem Gürtel, die Rechte ist etwas gehoben und geöffnet. Von wem diese Bilder herrühren, ist unsicher. Etwas, das an die Art Cranachs erinnerte, ist in ihnen nicht zu finden. Im Schnitt sind sie sehr verschieden.

Diese Holzschnitte wurden in allen späteren Folioausgaben, von denen die zweite bei den Gebrüdern Melch. und Mich. Lotther 1523,[1]) die 3te resp. 6te bei Michel Lotther 1526[2]) erschien, wieder angewendet, mit dem einzigen Unterschiede, dass sie nicht mehr auf besonderen Blättern beigeheftet sondern auf der Rückseite bedruckt wurden.

Zur Illustration der Grossoctavausgaben, von denen die erste 1524 bei Melchior Lotther d. J. erschien,[3]) wurde der Künstler GL herangezogen. Der Titel steht in der Einfassung, welche Lotther zu seiner 1524 in Grossoctav veranstalteten 4ten Ausgabe des Neuen Testamentes hatte anfertigen lassen. Auf der Rückseite des 8ten Blattes folgt in einem zierlichen Holzschnitt die Schöpfung. Mit dieser hat die Ausgabe 13 Holzschnitte, welche die ganzen Seiten einnehmen und auf der Rückseite bedruckt sind. Auf einigen steht das Monogramm GL und die Jahrzahl 1523. In der 1525 von Michel Lotther veranstalteten 5ten[4]) und in der 1528 von ihm gedruckten 7ten Grossoctavausgabe[5]) wurden sie wiederholt.

Die 3te Gruppe von Illustrationen bilden die 15 Holzschnitte in der 1523 von Hans Lufft veranstalteten Kleinoctavausgabe.[6])

* * *

In demselben Jahre, nämlich 1523, in welchem der erste Theil des Alten Testamentes in Wittemberg dreimal die Presse verlassen hatte, brachte Luther auch den zweiten Theil zu Stande, so dass er schon im Beginne des Jahres 1524 veröffentlicht werden konnte. Er umfasst das Alte Testament vom Buche Josua bis Esther. Die erste Originalausgabe führt den Titel: »Das Ander teyl des alten Testaments. Gedruckt zu Wittemberg, in Folio« und erschien Anfang 1524 bei Melchior Lotther.[7]) Der

---

[1]) Das Allte Testament deutsch: M. Luther. Vuittemberg. Am Ende der Bücher Mosis: Gedruckt zu Wittemberg Melchior und Michel Lotther gebruder MDXXIII. In Folio. Panzer Entwurf p. 148. No. 2.

[2]) Das Allte Testament deutsch M. Luther Wittemberg M.D.XXVI. Am Ende: Gedruckt zu Wittemberg Michel Lotther MDXXVI. In Folio. Panzer Entwurf p. 152 No. 6.

[3]) Das Allte Testament deutsch. Marti. Luther. Wittemberg. M.D.XXIIII. Am Ende: Gedruckt zu Wittemberg durch Melchior Lottier den iungen. MDXXIIII. In gr. Octav. Panzer Entwurf p. 151 No. 4.

[4]) Das Allte Testament deutzsch Mart. Luther. Wittemberg M.D.XXV. Am Ende: Gedruckt zu Wittemberg Michel Lotther. In Octav. Panzer Entwurf p. 152 No. 5.

[5]) Das Allte Testament deudsch. Martinus Luther Wittemberg. MDXXVIII. Am Ende: Gedruckt zu Wittemberg Michael Lotther. In gr. Octav. Panzer Entwurf p. 153 No. 7.

[6]) Das Allte Testament deutsch. M. Luther. Wittem. Am Ende: Gedruckt zu Wittemberg durch Hans Lufft, MDXXIII. In kl. Octav. Panzer Entwurf p. 149 No. 3.

[7]) Das Ander teyl des alten testaments. Am Ende: Gedruckt zu Vuittemberg. In Folio. Panzer Entwurf p. 154 No. 1.

Titelholzschnitt zeigt den auf einem Steine sitzenden geharnischten Josua, wie er in der rechten Hand einen Commandostab, in der linken seinen Helm hält. Ausserdem hat die Ausgabe 23 Holzschnitte, von denen drei die ganze Seite die übrigen (h. 105 br. 160) die Hälfte derselben einnehmen. Die drei ersten gehören dem Buche Josua an und stellen dar, wie die Juden die Bundeslade durch den Jordan tragen, wie unter dem Klange der Posaunen die Mauern von Jericho einfallen und wie Josua die drei feindlichen Könige hängen lässt. Die Nummern 4 — 10 illustriren die Bücher der Richter. Bei der Darstellung wie Gideon sich sein Volk auswählt, sieht man den Richter oben auf der Bergeshöhe vor dem in der Luft schwebenden Gottvater knien, unten das Wasser, an das er die Juden geführt hat, zu beiden Seiten dicht gedrängt Bewaffnete. — Der Ueberfall der sorglos schlafenden Midianiter geht in einer Landschaft vor sich, in welche drei Felsenengpässe hineinführen. — Ein grosser Raum ist dem Leben des Simson gewidmet. In einem schönen Landschaftsbilde wird vorgeführt, wie er oben den Löwen einfängt, unten im Vordergrunde ihm die Zunge ausreisst. — Die Darstellung, wie er die Füchse mit den brennenden Schwänzen durch die Weinberge der Feinde jagt und mit der Eselskinnlade die 300 Philister erschlägt, ist seitengross. — Weniger gelungen ist der Holzschnitt, wie Simson das Stadtthor der Philister hinwegträgt. Links ist die Stadt, in deren Hintergrunde sich ein steiler Berg erhebt, rechts der Hügel, zu dem Simson mit dem Thürpfosten auf dem Rücken hinaufschreitet; seine Beine sind in seltsamer Weise verzeichnet. — Innerhalb eines umfriedeten Raumes, in dessen Hintergrund Laubwald sichtbar ist, liegt er bald darauf im Schoosse der Delila, die ihm die Haare abschneidet. Rechts und links hinter dem Zaune lauern die mit Lanzen bewaffneten Feinde. — Recht schwach ist die Darstellung, wie Simson den Tempel der Philister zertrümmert. Der ganze Raum ist so sehr von herabfallenden Steinen bedeckt, dass man nur den die beiden Hauptpfeiler in den Armen haltenden Richter und die Köpfe der zerschmetterten Philister sieht. — Die folgenden Holzschnitte gehören den Büchern der Könige an. Der erste schildert die Niederlage der Israeliten. In der Mitte einer Landschaft erhebt sich das Haus des Eli, der auf dem Stuhle sitzt und vom Boten die Nachricht von der verlorenen Schlacht, dem Tode seiner beiden Söhne und dem Raube der Bundeslade erhält, im Vordergrund links der Tempel, wo er auf die Schreckensbotschaft todt zu Boden gefallen ist; rechts vor dem Laubwalde zieht triumphirend die Schaar der Feinde ab. — Bei der Salbung des Saul kniet dieser in der Mitte und ist auch knieend noch gleichgross wie die Uebrigen; Samuel giesst ihm in würdevoller Weise das Oel über das Haupt, rechts und links stehen drei Männer, von denen der vordere die Krone hält, im Hintergrunde sieht man Bäume und die

Königsburg. — Die Salbung des David ist weniger gelungen. Die Art, wie der Hirtenknabe in der Mitte kniet, ist hölzern. Auch Samuel ist durchaus nicht eine so würdige Gestalt, wie in dem vorigen Bilde. Von oben giesst die Sonne ihre Strahlen auf David herab, rechts und links stehen zuschauende Männer. — Bei der Darstellung des Kampfes zwischen David und Goliath sieht man rechts die israelitische Königsburg, links die Zelte der Philister. Der links stehende Goliath, eine schlanke Rittergestalt, hat die rechte Hand auf den Speer gestützt und betrachtet verächtlich den mit der Schleuder zum Wurfe ausholenden Knaben. — Der nächste Holzschnitt zeigt den Tod des Saul. Im Hintergrunde sieht man rechts die Israeliten fliehen, links die Philister, welche die jüdischen Zelte eingenommen haben; im Vordergrunde rechts Saul, der sich in sein Schwert stürzt, links den Boten, der dem David die Nachricht von Sauls Tode und die Königskrone überbringt. — In der naivsten Weise ist die Bathseba aufgefasst. Der Fluss, in dem sie badet, zieht sich gerade am Palaste des David hin, dieser sitzt mit der Harfe neben seinem Begleiter auf der Fensterbrüstung, Bathseba schaut ihm gerade in's Auge. In der alten Weise ist sie nicht nackt dargestellt, sondern hat ihre Kleider bis zu den Knieen emporgeschürzt und lässt sich von einer Dienerin den rechten Fuss waschen. — Nachdem noch die Erstechung des an der Eiche hängenden Absolon durch Joab geschildert ist, wird die Aufmerksamkeit des Zeichners besonders durch die Kunstwerke gefesselt, welche während der Regierung Salomo's in's Leben gerufen wurden. Der (die ganze Seite einnehmende) Salomonische Tempel ist ein Gebäude von quadratischem Grundriss, sehr hoch, mit einem Kranzgesimse abschliessend, der Boden ringsum ist mit Marmorplatten gepflastert. — Darauf sieht man den von vierfachen Mauern umfriedeten Salomonischen Palast, die beiden 18 Ellen hohen, von Hiram gefertigten ehernen Säulen für die Halle des Tempels, das eherne Meer und das ›Gestuel.‹ — Den Abschluss macht Salomo selbst, der auf seinem Throne sitzt, dessen Seitenlehnen von Löwen gebildet werden und zu welchem Marmorstufen emporführen. — Auf der letzten Seite steht ein Lamm mit einer Siegesfahne und gegenüber Luthers Wappen, eine Rose mit einem Kreuz in der Mitte.

Die Illustrationen für die 1524 von Melchior Lotther d. J. veranstaltete Grossoctavausgabe lieferte der Künstler GL.[1]) Der Holzschnitt auf der Rückseite des Titelblattes zeigt entsprechend demjenigen der Folioausgabe den geharnischten Josua mit einem grossen Schwert an der linken

36.

---

[1]) Das Ander teyl des alten testaments. Wittemberg. Am Ende: Gedruckt zu Wittemberg Melchior Lotter der iunger. Im iar nach Christi geburt Tausent fünfhundert und vier und zwentzig. In gr. Octav. Panzer Entwurf p. 156 No. 2.

Seite und einem Commandostab in der rechten Hand. Er ist jedoch nicht sitzend dargestellt, sondern steht unter einem Thore und spricht mit den Aeltesten des Volkes. Die 24 schönen Textbilder sind in engem Anschluss an diejenigen der Folioausgabe gemacht, nehmen die ganzen Seiten ein und sind auf der Rückseite bedruckt. In der von Michel Lotther

37. 1527 veranstalteten 3ten Grossoctavausgabe [1]) wurden sie wieder verwendet.

* * *

Schon vor dem September des Jahres 1524 vollendete Luther auch den dritten Theil des Alten Testamentes, welcher den Hiob, den Psalter und die Schriften Salomonis enthält.

38. Die erste Folioausgabe erschien 1524 bei Melchior Lotther unter dem Titel: »Das Dritte teyl des allten Testaments. Wittemberg 1524.«[2]) Der (h. 260 br. 160) Titelholzschnitt zeigt oben die Väter des alten Testamentes, welche von einem Balcon herab auf den Heiland sehen, welcher unten an das Kreuz geschlagen wird. Ausserdem hat dieser Theil nur einen die ganze Seite einnehmenden (h. 225 br. 165) Holzschnitt, welcher vor dem Buche Hiob steht und durch eine Mauer in zwei Theile getheilt ist. In der Landschaft im Hintergrunde sieht man links das zusammenstürzende Haus des Hiob, rechts die Feinde, welche dessen Kühe hinwegtreiben. Vor der Mauer sitzt der aussätzige Hiob auf dem Misthaufen und wird von seiner Frau und seinen Freunden verhöhnt.

39. Die Umarbeitung dieser beiden Holzschnitte für die 1525 von Michel Lotther veranstaltete Grossoctavausgabe [3]) übernahm der Künstler GL. Der eine zeigt den Heiland, wie er mit der Dornenkrone auf dem Kreuze sitzt, der andere den Hiob mit seinem Weib und seinen Freunden.

Die Illustrationen in den verschiedenen Theilen der Lutherschen Bibelübersetzung weisen also einen Zusammenhang mit denjenigen der vorlutherischen Bibeln nicht auf, und es scheint fast, als ob Luther geflissentlich einen solchen vermieden habe. Waren sie auch nur theilweise von künstlerischem Werth, so sind sie doch aus einem anderen Grunde von der grössten Bedeutung. Wie vor Luther die Holzschnitte der kölnischen Bibel fast überall wiederholt worden waren, so wurden jetzt fast allerwärts, wo man die luthersche Bibel nachdruckte, auch die darin enthaltenen Illustrationen nachgeahmt.

---

[1]) Das ander teyl des Alten testaments. Wittemberg. M.D.XXVII. Am Ende: Gedruckt zu Wittemberg Milchel Lotther. In gros Octav. Panzer Entwurf p. 157 No. 4.

[2]) Panzer Entwurf p. 158 No. 1.

[3]) Das dritte Teyl des allten Testaments. Wittemberg MDXXV. In gr. Octav. Panzer Entwurf p. 160 No. 2.

CAP. III.

LUTHERS NEUES TESTAMENT IM NACHDRUCK.

Die weiteste Verbreitung fand sofort Luthers Neues Testament. In **Augsburg** veranstaltete den ersten Folionachdruck 1523 Hans **40.** Schoensperger.[1]) Unter dem Titel, der in einer Einfassung steht, sieht man das Christkind mit den Passionsinstrumenten auf einem Kissen sitzen. Im Uebrigen leitete die Illustration Hans Scheifelin, mit dessen Monogramm 11 Holzschnitte versehen sind, die sich inhaltlich an diejenigen der Wittemberger Ausgabe anschliessen. Vor jedem Evangelium steht die Abbildung des Verfassers, die den dritten Theil des Blattes einnimmt (h. 90 br. 140). Matthäus sitzt in einer Kirche auf einem Steine und liest in einem Buche, davor kniet der geflügelte Engel, der ihm das Buch hält. Marcus sitzt mit bedecktem Haupt schreibend in einem Zimmer an einem Tisch, auf welchem ein kleiner Pult steht; links ist freie Aussicht in einen Garten, und davor liegt schlafend der geflügelte Löwe. Lucas sitzt gleichfalls auf einem prächtigen Stuhle schreibend an einem Pulte, rechts sieht man Bäume und den geflügelten Ochsen. Johannes mit lockigem Haar sitzt vor seiner Bücherei, hat ein aufgeschlagenes Buch und liest, rechts auf einem Buche sitzt der Adler. Die zu Anfang der Epistel an die Römer stehende Abbildung des Paulus hat dieselbe Grösse. Der Apostel, ein kräftiger Mann mit langem Bart und faltigem Gewande sitzt auf einem grossen Stuhl in einer offenen Basilika, die auf beiden Seiten den Ausblick in eine waldige Landschaft gestattet; die rechte Hand hat er auf's Schwert gestützt, mit dem ausgestreckten linken Arm zeigt er ein Buch. Die vor der Apostelgeschichte befindliche Ausgiessung des heiligen Geistes (h. 230 br. 160) ist die Wiederholung eines Holzschnittes, welchen Scheifelin für ein von Schoensperger 1512 gedrucktes Evangelienbuch geliefert hatte. In einem grossen Gewölbe sitzt Maria mit einem Buch auf dem Schoosse inmitten der Jünger, von denen links der vordere steht, rechts der vordere kniet. Aus dem Fenster, durch das die Taube hereingekommen ist, hat man Ausblick auf einen Berg. Rechts hängt ein zurückgeschlagener Vorhang. Oben in den Wölbungen des Fensters sind zwei mit Inschriften versehene

---

[1]) Das buch des Newen Testaments Teutsch Mit schönen Figuren MDXXIII. Am Ende: Gedruckt in der kayserlichen Stat Augspurg durch Hanns Schoensperger. In Folio.

Panzer, Annalen der älteren deutschen Litteratur II p. 132 No. 1612. Panzer, Entwurf der Geschichte der lutherschen Bibelübersetzung p. 87 No. 1. Panzer, Beschreibung der Augsburgischen Ausgaben der Bibel p. 69 No. XXVI.

Reliefbüsten angebracht. Das Monogramm steht unten. Ebensogross sind die 21 Bilder in der Apokalypse, von denen indessen nur die 5, welche das Monogramm tragen, Scheifelin angehören. Sie sind vollständig neu componirt, während die anderen 16 nur Copien nach den Wittembergischen Holzschnitten sind. Der erste von Scheifelin gelieferte Holzschnitt zeigt das Erdbeben. Links oben ist die Sonne, rechts der Mond, unten sieht man Städte einfallen und Meteore herabschlagen. Die Menschen haben sich erschreckt in eine Berghöhle geflüchtet, ein König sieht furchtsam in die Höhe, ein anderer macht eine hoffnungslose Geberde, während ein kleiner nackter Knabe vor der Höhle sitzt und noch nichts von der Gefahr weiss. — Auf dem zweiten schwebt oben der Engel mit dem Kreuze, unten sieht man andere geflügelte Engel, von denen einer den Frommen die Kreuze auf die Stirne malt. — Der dritte Holzschnitt zeigt in den Lüften in der Glorie Gottvater von zwei Engeln umgeben; unten stürmen die Reiter auf den Löwenpferden einher, während gleichzeitig die Engel den dritten Theil der Menschen erschlagen. — Der vierte ist nicht so bewegten Inhaltes. Gottvater, von Wolken getragen, schickt den Engel nach der Erde ab, wo die Weinreben und Aehren abgeschnitten werden. — Der letzte Holzschnitt zeigt im Vordergrunde einer bergigen Landschaft den Engel, welcher den gefesselten Teufel, ein Ungethüm mit Weiberbrüsten, in den Agrund hinabstösst. Obwohl Scheifelin in der Composition aller Holzschnitte ziemlich frei verfahren ist, gehören sie doch nicht zu seinen charakteristischen Leistungen.

41. Noch in demselben Jahre veranstaltete Hans Schoensperger eine zweite Folioausgabe mit denselben Holzschnitten.[1])

42. Die dritte Ausgabe in Folio ist zwar ohne Ort, Drucker und Jahr erschienen, gehört aber sicher Silvan Othmar in Augsburg und dem Anfang des Jahres 1523 an.[2]) Auf dem Titel wiederholte er einen Holzschnitt, welchen Scheifelin für eine von Hans Othmar 1513 gedruckte Ausgabe des Heiligenlebens geliefert hatte. Er zerfällt in zwei Theile: Oben in den Wolken hängt Christus am Kreuz, über dem die Taube des heiligen Geistes schwebt; zu beiden Seiten knieen die Seligen, die zum Theil Palmenzweige halten, und beten ihn an. Unten stehen Vertreter des Alten und Neuen Testamentes, unter ihnen im Vordergrunde rechts Moses mit den Gesetzestafeln, links Paulus mit dem Schwerte. In der Mitte unten

---

[1]) Das buch des Newen Testaments Teutsch Mit schönen Figuren MDXXIII. Am Ende: Gedruckt in der kayserlichen Stat Augspurg durch Hans Schoensperger. In Folio. Panzer, Entwurf p. 90 No. 2.

[2]) Das neu Testament. Ohne Ort, Drucker und Jahr. In Folio. Panzer, Entwurf p. 91 No. 3. Beschreibung der Augsburgischen Bibeln p. 74 No. XXVII. Annalen der älteren deutschen Litteratur II. No. 1614.

steht das Monogramm. Die Illustration der Apokalypse übernahm Hans Burgkmair. Aber die Arbeit ging Othmar zu langsam. Kaum waren 6 Holzschnitte vollendet, als er seinen ersten Nachdruck in die Welt schickte. Erst die beiden folgenden Ausgaben, welche noch in demselben Jahre nöthig waren,¹) enthalten 43.44. die vollständige Burgkmairsche Apokalypse, das heisst, nicht mehr 6 sondern 21 Holzschnitte. Johannes sieht den Mann zwischen den 7 Leuchtern. — Gottvater sitzt auf dem Wolkenthrone, von den 24 Aeltesten und den Evangelistensymbolen umgeben. — Die 4 apokalyptischen Reiter stürmen auf dem Wolkenpfade im Bogen der Erde zu. — Die Engel werfen den Märtyrern weisse Gewänder über. — Die Städte stürzen ein, Meteore fallen auf die Erde herab, Bäume sinken. Die Menschen haben sich in Klüften verborgen. — Oben schwebt der Engel mit dem Kreuze, in der Mitte sind die Winde und die 4 Engel mit der Macht zu schädigen, unten malt der letzte Engel den Frommen die Kreuze auf die Stirn. — Gottvater sitzt auf dem Wolkenthrone. Die 7 Engel erhalten Posaunen und Rauchwerk, lassen ihre Instrumente ertönen und schütten das mit Hagel und Blut vermischte Feuer auf die Erde herab. Dort verbrennen die Bäume und Gräser, die Schiffe im Meere gehen zu Grunde. — Auf das Posaunen Weh Weh Weh fällt der Stern Wermuth herab und verbittert die Gewässer, grosse Heuschrecken kriechen auf dem Boden herum und quälen die Menschen, Sonne, Mond und Sterne werden verfinstert. — Die gepanzerten Männer auf Löwen mit Scorpionenschwänzen stürmen der Erde zu, wo schon die 4 Engel angekommen sind und das Drittheil der Menschen erschlagen. — Der auf Meer und Erde stehende grosse Engel mit Wolkenleib, Sonnenantlitz und Pfeilerfüssen überreicht dem Johannes das Buch. — Johannes misst den Tempel, wirft den inneren Chor heraus, im Vordergrunde links sieht man das Ungethüm, rechts die beiden Propheten. — Der Drache belauert das in Geburtsnöthen schwebende Weib, das Kind wird entrückt und von zwei Engeln vor dem Throne Gottes niedergelegt. — Der aus dem Meere aufgestiegene Pardel thut Wunder und wird von den Menschen

---

¹) a) Das neu Testament. Am Ende: Gedruckt und seligklich volendet ist diss New Testament, in der kaiserlichen Stat Augspurg, durch Silvana. Ottmar, bey sant Ursula closter, auff den XXI. tag Marcii des MDXXIII jars. In Folio. Panzer, Annalen II. No. 1615. Beschreibung der Augsburger Bibeln p. 76 No. XXVIII. Entwurf p. 92 No. 4. Zapf, Augsburger Buchdruckergeschichte II. p. 163. ff. Weigel, Kunstlagerkataloge No. 6775.

b) Das neu Testament mit ganz nützlichen Vorreden, und der schweresten oerter kurze, aber gute Auslegung. Ain Register, wo man die Episteln und Evangelia von der Zeit und den Heiligen das gantz Jar in diesem Testament finden soll. Am Ende: Gedruckt und seligklich volendet ist diss New testament in der Kaiserlichen Stat Augspurg, durch Silvanum Ottmar, bey sant Ursula Closter, auf den XI. Tag Junii des MDXXIII. iahrs. In Folio. Panzer Annalen II. No. 1616; Beschreibung der Augsburger Bibeln p. 77 No. XXIX; Entwurf p. 93 No. 5.

angebetet. — Das Lamm steht auf dem Berge Zion, zwei Engel fliegen der Erde zu und die Stadt Babylon wird zertrümmert. — Des Menschen Sohn sitzt mit der Sichel in der Hand in den Wolken, unten schneiden die beiden Engel die Aehren und die Reben ab. — Die 7 Plagen werden auf die Erde ausgegossen. — Die grosse Hure sitzt mit dem Weinkelch in der Hand auf dem siebenhäuptigen Ungethüm. — Der Mühlstein wird auf die Erde geworfen. — Im offenen Himmel steht der ›Treu und Wahrhaftig‹, und der Engel ruft die Vögel zusammen, unten sieht man den Drachen und die falschen Propheten. — Der Engel stosst den Teufel in den Abgrund. — Johannes betrachtet vom Engel geleitet vom Berge herab das Neue Jerusalem.

Sowohl die Dürer'sche Apokalypse wie die Wittemberger Blätter sind von Burgkmair ganz frei umgestaltet worden. Er liess dabei das Bestreben vorwalten, die einzelnen Figuren womöglich in die Diagonale zu rücken, um dadurch der Szene eine grössere Lebendigkeit zu geben. Auf allen 21 Blättern hat er sein Monogramm angebracht, was er sonst nicht häufig that. Trotzdem gehört die Apokalypse nicht zu seinen bedeutendsten Leistungen, wenn sie auch nicht so schwach ist, dass man sie mit Passavant (III 270) dem alten Burgkmair ab- und dem jungen zusprechen müsste. Unter die besten Blätter der Folge hat man die sinnig aufgefasste Jungfrau auf der Mondsichel und den Engel, welcher den Teufel fesselt, zu rechnen.

45. Die 6te Ausgabe veranstaltete Hans Schoensperger 1524 in Folio [1]) und wiederholte darin die Holzschnitte, die er für seinen ersten Nachdruck hatte fertigen lassen.

46. Die 7te Folioausgabe[2]) erschien im Juni 1524 bei Silvan Othmar mit den Holzschnitten der vierten Folioausgabe vom März 1523.

47. Eine 8te Ausgabe in Folio veranstaltete Heinrich Steiner 1527.[3]) Der Titelholzschnitt ist eine Copie desjenigen, welchen Knoblouch in Strass-

---

[1]) MDXXIIII Jesus
Das New Testament Teutsch mit schönen Figuren. Darzu eyn Register, Inn welchem angezeygt wirt Epistel, unnd Ewangeli, wie dieselben auf eynen yeden Tag nach Ordnung gelesen werden.
Am Ende: Getruckt inn der kayserlichen Statt Augsburg durch Hans Schoensperger in Folio. Panzer, Entwurf p. 93 No. 6; Beschreibung der Augsburger Bibeln p. 92. No. XXXIX.

[2]) Das neu Testament mit ganz nützlichen Vorreden, und der schwöresten örter kurze aber gute Auslegung. Ain Register, wo man die Episteln und Evangeli, von der Zeit und den Heiligen das ganze Jar in diesem Testament finden soll.
Am Ende: Gedruckt und seliglich volendet ist das neu Testament, in der kayserlichen Stat Augspurg durch Silvanum Otmar bey sant Ursula closter auf den VII. tag Junii MDXXIIII iars. In Folio. Panzer, Entwurf p. 94 No. 7, Beschreibung p. 94 No. XI..

[3]) DAs neuw Testament, Recht gründlich teutscht. Mit schönen vorreden unnd der schweresten oerteren kurz, aber gut, auslegung. Und Register, wo man die Epistelen und

burg zu seinem 1524 und 1525 gedruckten Alten Testamente gebraucht hatte. Zu Anfang eines jeden Buches steht der Verfasser, theils in einem in Holz geschnittenen Buchstaben, theils in einem vom Buchstaben getrennten kleinen Holzschnitt. Die Apokalypse hat die 21 Wittemberger Holzschnitte, die 100 mm. hoch und 67 breit sind.

Er wiederholte die Ausgabe mit den nämlichen Holzschnitten 1528¹) und 1531.²) 48. 49.

1531³) druckte er auch eine Octavausgabe, deren Holzschnitte sich 50. nach denjenigen richten, welche die von Hans Lufft in Wittemberg 1530 veranstaltete Octavausgabe zierten. Diejenigen zu Anfang der Bücher stellen die Verfasser dar und nehmen theils das halbe Blatt, theils ein Viertel desselben ein. Vor der Apostelgeschichte steht die ganze Seite einnehmend die Ausgiessung des heiligen Geistes. In der Apokalypse sind jedoch nicht wie in der Wittemberger Ausgabe 26 sondern nur 21 Blätter.

* * *

Ebenso eifrig wie in Augsburg war man in Basel im Nachdruck des Lutherschen Neuen Testamentes. Die beiden Drucker, welche hier die Verbreitung desselben übernahmen, waren Adam Petri und Thomas Wolff. Der Künstler, welcher die Wittemberger Illustrationen für Basel umzuarbeiten hatte, war Hans Holbein.

Den ersten Nachdruck veranstaltete Adam Petri im December 1522 51. unter dem Titel: »Das New Testament yetzund recht grüntlich teutscht. Welchs allein Christum unser Seligkeit, recht und klärlich leret. Mit gar gelerten und richtigen Vorreden und der schwersten Oertern kurz, aber gut, Auslegung. Folio.«⁴) Für den Titel componirte Holbein das schöne

---

Euangelion des gantzen iars in diesem Testament finden soll. Darzu der usslendigen wörtter auff unser teutsch auszeygung Geduckt zu Augspurg durch Hainrich Stayner Im Jar MDXXVII. In Folio. Panzer Entwurf p. 96 No. 10; Beschreibung p. 104 No. XLIX.

¹) Das Neuwe Testament, Recht grüntlich unnd teutscht. Mit schoenen vorreden der schwersten oertern kurz, aber gut ausslegung. Und Register — Darzu — anzaygung Gedruckt zu Augspurg durch Hainrich Stayner im Jar. MDXXVIII. In Folio. Panzer Entwurf p. 96 No. 11. Beschreibung p. 118 No. LVIII.

²) Das new Testament recht grüntlich teutscht. Mit schönen Vorreden. Und Register — darzu der ausslendigen — Anzaygung. Gedruckt zu Augspurg durch Heinrich Steyner Im Jar MDXXXI. In Folio. Panzer Entwurf p. 97 No. 12; Beschreibung p. 122 No. LXII.

³) Das New Testament Dtutsch. Getruckt zu Augspurg durch Heinrich Steyner MDXXXI. In Octav. Panzer Entwurf p. 97 No. 13.

⁴) Panzer, Entwurf p. 98 No. 1. — Stockmeyer und Reber, Baseler Buchdruckergeschichte p. 144 No. 75. — Voegelin, Ergänzungen und Nachweisungen zum Holzschnittwerk Hans Holbeins d. J.

Titelblatt mit den Figuren der Apostel Petrus und Paulus, den Zeichen der vier Evangelisten, dem Basler Wappen (Inclyta Basilea) und dem Knaben auf dem Löwen.[1]) Als Titelbilder der einzelnen Bücher (h. 80 br. 66) wiederholte er die in der Wittemberger Ausgabe befindlichen Holzschnitte: die vier Evangelisten mit ihren Attributen, die Ausgiessung des heiligen Geistes, Saul's Bekehrung, Paulus in reichverzierter Nische und des Petrus Vision von den unreinen Thieren. Er ist dabei ziemlich frei verfahren. Matthäus und die Ausgiessung des heiligen Geistes zeigen zwar eine leise Anlehnung an die Wittemberger Blätter, die ubrigen Holzschnitte sind aber neu erfunden.

52. Die zweite von Petri im März 1523 veranstaltete Folioausgabe[2]) ist ein Wiederabdruck dieser ersten mit denselben Holzschnitten.

53. Ebenfalls im März 1523 liess Petri eine Octavausgabe des Neuen Testamentes erscheinen.[3]) Der Titel ist in die von Holbein für diesen Druck componirte verkleinerte Nachbildung der Teleinfassung der Folioausgabe (Passavant 74, Woltmann 216) hineingedruckt. Von den übrigen Holzschnitten sind alle bis auf Sauls Bekehrung vorhanden.

54. Dieselben Illustrationen — ohne Sauls Bekehrung — hat auch die im December 1523 von Petri gedruckte 4te Octavausgabe.[4])

55. Die 5te Ausgabe in Octav veranstaltete 1523 Thomas Wolff unter dem Titel: »Das gantzs neuw Testament yetz klärlich aus dem rechten grundt teuscht . . . Auch die Offenbarung Joannis mit hüpschen figuren aus welchen man das schwerest leichtlich verston kann.«[5]) Den Titel stellte er

---

[1]) Passavant 73, Woltmann 215.

[2]) DAs neuw Testamēt recht grüntlich teutscht. Mit gantz gelerten und richtigen vorrede, und der schwereste oerterē kurtz, aber gut, ausslegung. Ein gnugsam Register, wo man die Episteln und Euangelion des gantzen jars in disem Testament finden soll. Die ausslendigē wörtter, auf unser teutsch angezeygt. Gedruckt zum anderen mal, durch Adam Petri zu Basel, Anno MDXXIII. — Am Ende der Offenbarung: Zu Basel, durch Adam Petri im Mertzen des Jars MDXXIII. In Folio. Panzer Entwurf p. 99 No. 2.

[3]) Das Gantz Neuw Testamēt recht grüntlich teutscht. Mit gar gelerten und richtigen vorreden und der schweresten oerteren kurtz, aber gut, ausslegung. Ein gnugsam Register wo man die Episteln und Euangelien dess gantzen iars in disem Testament finden sol. Die ausslendigen wörter auf unser teutsch angezeigt. Gedruckt durch Adam Petri zu Basel An. MDXXIII. Am Ende: Zu Basel, durch Adam Petri, im Mertzen, dess Jars MDXXIII. In Octav. Panzer Entwurf p. 101 No. 3.

[4]) Das Gantz Neuw testamēt recht grüntlich teutscht. Mit gar gelerten und richtigen vorreden — Ein gnugsam Register — des gantzen iars — Die ausslendigē — angezeigt. Gedruckt durch Adam Petri zu Basel. An. MDXXIII. — Am Ende: Zu Basel, durch Adam Petri, im Christmond des Jars MDXXIII. In Octav. Panzer Entwurf. p. 102 No. 4.

[5]) Das gantzs neuw Testament yetz klärlich auss dem rechten grundt teutscht, Mit gar gelerten Vorrede, welche eingang und undes richtüg in dise bucher klaerlich anteigen. Darzu kurtze unnd gutte etlicher schwerer ortter ausslegung. Auch die Offenbarung Joannis mitt hüpschen figuren, aus welchē man das schwerest leichtlich verston kan. Zu Basel MDXXIII.

in eine schlechte gegenseitige Copie einer Holbeinschen Bordure (Passavant 111, Woltmann 235.) Vor dem Text brachte er Urs Grafs Petrus und Paulus [1]) und auf der Rückseite dieses Blattes und vor den einzelnen Büchern geringe Abbildungen der Verfasser. Für die Apokalypse liess er durch Holbein die 21 Bilder der Wittemberger Septemberausgabe copiren. Auch hier hat sich der Künstler äusserlich genau an das Vorbild angeschlossen, aber doch seinem Genius einigen freien Spielraum gewahrt. Im ersten Blatte, welches den Mann zwischen den 7 Leuchtern und Johannes zu den Füssen desselben darstellt, gibt er eine genaue Copie des Wittemberger Bildes mit dem einzigen Unterschiede, dass sich Christus mehr als dort zu Johannes herunterneigt und dass die Leuchter, welche in der Wittemberger Ausgabe zwar im Renaissancestil, aber mit gothischen Reminiscenzen gehalten waren, hier reine Renaissanceformen zeigen. Das zweite Blatt, welches die Anbetung des Lammes darstellt, hat er vollständig nach der Wittemberger Vorlage copirt. Im dritten, den vier apokalyptischen Reitern, hat er sich nur in der Disposition an die Vorlage gehalten, aber in die Reitergruppe mehr Bewegung zu bringen gewusst. Im vierten, welches darstellt, wie die Märtyrer im Himmel bekleidet werden, hat er einige Motive des Wittemberger Bildes verändert. Im fünften, welches schildert, wie die feurigen Sterne zur Erde fallen, ist der einzige Unterschied der, dass dort ein König sich mit vielen andern Menschen in eine Felshöhle verkriecht, hier dagegen die Felsen über dem König und den andern Menschen zusammenfallen. Im 6ten, welches zeigt, wie die vier Engel den vier Winden Halt gebieten und die Knechte Gottes bezeichnet werden, ist die matte Wittemberger Vorlage durch Veränderung weniger Züge zu einem lebensvollen Bilde umgestaltet. Im 7ten, welches das Posaunen der vier ersten Engel schildert, hat er die Engel mit den Posaunen neu gezeichnet. Im 8ten, wo der 5te Engel posaunt, sind die Figuren am Boden neu umgearbeitet. Im 9ten (die Geharnischten auf den Löwenpferden) hat er durch Veränderung weniger Motive die Figuren eigenthümlich zu beleben gewusst. Das 10te Blatt, welches den Engel mit den feurigen Säulenbeinen darstellt, der dem Johannes das Buch reicht, welches dieser verschlingt, ist dagegen wieder eine vollständige Copie des Wittemberger Bildes. Im 11ten, welches zeigt, wie Johannes mit langem Stabe den Tempel vermisst und wie sich im Vordergrunde das Thier aus dem Abgrund gegen die zwei Zeugen erhebt, hat er die zwei Zeugen neu gezeichnet und an-

---

Am Ende: Getruckt zu Basel durch Thoman Wolff, im iar als man zalt nach Christus geburt MDXXIII. In Octav. Panzer, Entwurf p. 104 No. 5. Weller, Repertorium bibliographicum No. 2712. Voegelin, Ergänzungen zum Holzschnittwerk Hans Holbeins d. J.

[1]) His, Beschreibendes Verzeichniss des Werks des Urs Graf in den Jahrbüchern für Kunstwissenschaft VI, 1873 No. 302.

statt des langen Kirchenschiffes des Wittemberger Blattes das Querschiff einer Kirche mit gothischem, polygonem Chorabschluss und Seitenkapellen gegeben. Im 12ten, welches die zwei Szenen des gebärenden Weibes mit der Strahlenkrone und der den Drachen bekämpfenden Engel zu einem Bilde zusammenzieht, haben die kämpfenden Engel bessere Bewegung bekommen. Im 13ten steigt der 7köpfige von den Menschen angebetete Drache dem Bibeltext entsprechend aus dem Meere auf und ist die Gruppe der Anbetenden neu gezeichnet, indem anstatt der Könige und Vornehmen Bürger und Bauern genommen sind. Das 14te Blatt, welches oben die Anbetung des Lammes, unten die bei einem Erdbeben zusammenstürzende Stadt Rom darstellte, hat er, da er die Absicht des Wittemberger Zeichners, ein in die Augen springendes Bild von Rom zu geben, nicht gekannt zu haben scheint, phantastisch umgestaltet, so dass eine anschauliche perspectivische Darstellung herauskam, während die topographische Aehnlichkeit verloren ging. Im 15ten, welches zeigt, wie Gott mit der Sichel in der Hand auf der Wolke sitzt und wie unten die Engel die Aehren beschneiden und die Weintrauben keltern, hat Holbein die einzelnen Figuren mit Beibehaltung ihrer Stellungen in seinen Typus übersetzt. Das 16te, wie die sieben Engel ihre Zornschalen ausgiessen, ist in der Disposition mit der Vorlage durchaus übereinstimmend. Im 17ten, wie die babylonische Hure den Völkern den Taumelkelch bietet, sind die Völker und Könige der Erde frei und lebendig gezeichnet. Im 18ten, wie die römischen Kanonisten über den Brand der Stadt Rom wehklagen, sind die Figuren zwar in derselben Stellung herübergenommen, aber eigenthümlich belebt worden. Das 19te Blatt, wie das Heer Gottes dasjenige des Satans zurückwirft und der Drache aus dem Himmel in den brennenden Schwefelpfuhl stürzt, ist fast durchaus identisch mit Wittemberg, während das 20ste, wie der Engel den Drachen in die Cisterne verschliesst, unter Beibehaltung der Disposition ziemlich frei behandelt ist. Auf dem 21sten Holzschnitt, wie der Engel dem Johannes das himmlische Jerusalem zeigt, hat Holbein durch eingestreute Reminiscenzen an Luzern mit der Stiftskirche, der Kapellenbrücke und den Wasserthürmen ein prachtvolles Landschaftsbild zu geben gewusst. Er ist also dem Auftrage Wolff's, die Wittemberger Vorlagen zu copiren, getreu nachgekommen und hat sich nur in Einzelheiten Veränderungen erlaubt. Interessant ist, dass er gerade in solchen oft der Dürerschen Apokalypse, welche er nicht gekannt zu haben scheint, nahe gekommen ist.

56. Wolff wiederholte diesen ersten 1523 erschienenen Octavnachdruck in demselben Jahre in Quart.[1]) Der Titel steht in einer schönen von Hol-

---

[1]) Das newe Testament
yetzt klärlich auss dem rechten Grundt Teutsch

bein dazu entworfenen Titeleinfassung (Passavant 69, Woltmann 213). Ferner hat die Ausgabe dieselben geringen Holzschnitte wie der erste Nachdruck und Holbeins apokalyptische Bilder, die aber nicht zu diesem Formate passen.

Auch noch eine 7te, Panzer unbekannte Ausgabe, mit dem Titel »Das newe Testament klerlich aus dem rechten grundt teutscht. Zu Basel 1523.«¹) erschien in diesem Jahre. Der Titel steht in einer architektonischen Einfassung im Geschmacke des Urs Graf. Der Text ist auf CCXL Blättern gedruckt und enthält am Anfang der einzelnen Bücher die Metallschnitte der vorigen Ausgaben, als Kopfstück über dem Evangelium Matthaei und über dem Römerbrief die obere Querleiste der vorgenannten Titelbordüre: die Taufe Christi mit den Zeichen der Evangelisten.

Eine weitere Wolff'sche Ausgabe in Grossoctav, die nach der Angabe auf dem Titel 1523, nach derjenigen am Schlusse am letzten August 1524 erschienen ist,²) verzeichnet Panzer unter No. 7. Auch in ihr wurden die holbeinschen Holzschnitte zur Apokalypse wiederholt.

Die 9te³) und 10te⁴) Octavausgabe (Panzer 8 und 9) veranstaltete Thomas Wolff 1524 mit den in der Ausgabe von 1523 von ihm gebrauchten Bildern.

Mit gar gelerten vorreden, und kurzer etlicher schwerer örtter auslegung. Auch die Offenbarung Johannis mit hübschen Figuren, auss welchen man das schwerest leichtlich verston kann.
Zu Basel MDXXIII.
Am Ende: Zu Basel durch Thomam Wolff im Jar MDXXIII.
In Quarto.

Panzer, Entwurf p. 106 No. 6. Weigel, Kunstlagerkataloge No. 1867.

¹) Das newe Testament klerlich aus dem rechten grundt Teutscht. Basel (Th. Wolff) 1523. Kl. Fol. Fehlt in Panzers Entwurf. Voegelin, Ergänzungen und Nachweisungen zum Holzschnittwerk Hans Holbeins des Jüngern p. 6 des Separatabdrucks No. 3.

²) Das newe Testament gantz, ietzt klärlich aus dem rechtem grund teutscht. Mit gar geleiten Vorreden, welche ingang und Unterrichtung in dise Bücher anzeygen. Darzu etlicher schweren örter kurtze und nutze Ausslegung. MDXXIII. Am Ende der Offenbarung Johannis: Getruckt zu Basel durch Thoman Wolff, im iar als man zalt nach Christus geburt MDXXIIII im Augst monat, im letsten tage desselbigen Monats. In gros Octav. Panzer Entwurf p. 106, No. 7.

³) Das newe Testamēt gantz, yetzt klärlich auss dem rechten grundt teutscht, Mit gar geleiten Vorreden, welche eingang und underrichtung in dise bücher klaerlich antzeygen. Darzu kurtze unnd gutte etlicher schwerer oertter ausslegung. Zu Basel MDXXIIII, Am Ende der Offenbarung: Getruckt zu Basel durch Thoman Wolff, als man zalt nach Christus geburt MDXXIIII. In Octav. Panzer Entwurf p. 107, No. 8.

⁴) DAs newe Testament, ietz gantz klärlich auss dem rechten grundt teutscht, mit gar gelerten Vorreden, welche eingang und underrichtung in diese bücher klärlich anzeigen. Darzu kurtze und gutte etlicher schwerer örtter ausslegung. M.D.XXIIII. Am Ende der Offenbarung:

61. Die 11te Ausgabe, in Octav,[1]) folgte im Brachmond 1524 bei Adam
62. Petri, die 12te, in Octav,[2]) ebenda im Hornung 1525. In beiden sind sämmtliche von Holbein für Petri angefertigte Holzschnitte ausser Sauls Bekehrung vorhanden.
63. Auch eine neue Folioausgabe, in der es am Schlusse nur heisst »Zum
64. drittenmal gedruckt zu Basel 1525,«[3]) und eine ohne Angabe des Druckortes, des Verlegers und der Jahrzahl erschienene Quartausgabe,[4]) die am Schluss die Angabe hat »Ende des newen Testamentes«, scheinen in Petri's Officin entstanden zu sein. Die Holzschnitte sind in beiden diejenigen des ersten Petrischen Folionachdrucks, also auch die Bekehrung Saul's ist in ihnen vorhanden.

* * *

65. In Nürnberg erschien der erste Nachdruck in Grossfolio 1524 bei Friedrich Peypus.[5]) Die Illustrationen sind ganz unabhängig von denjenigen der Wittembergischen Originalausgaben, jedoch auch nicht neu angefertigt. Auf dem Titel wiederholte Peypus den grossen Holzschnitt, welchen Hans Springinklee für eine 1521 in Lyon *per M. Jac. Sacon expensis*

Getruckt zu Basel durch Thoman Wolff, als man zalt nach Christus geburt M.D.XXIIII. In Octav. Panzer Entwurf p. 108 No. 9.

[1]) Das Gantz New testament recht grüntlich teutscht. Mit gar gelerten – Ein gnugsam Register — Die auslendige wörter — angezeigt. Gedruckt durch Adam Petri zu Basel. An. M.D.XXIIII. Am Ende: Zu Basel, durch Adam Petri, im Brachmond, des Jars M.D.XXIIII. In Octav. Panzer, Entwurf p. 109 No. 10.

[2]) Das gantz Neuw Testament recht gründtlich deutscht. Mit gar gelerten und richtigen vorreden, und der schweresten oerteren kurtz aber gut ausslegung. Ein gnugsam Register, wo man die Epistelen und Evangelien des gantzen iars in disem Testament finden sol. Gedruckt durch Adam Petri zu Basel. Im iar M.D.XXV. Am Ende: Zu Basel, durch Adam Petri, im Hornung, des Jars M.D.XXV. In Octav. Panzer Entwurf p. 110 No. 11.

[3]) Das newe Testament recht grüntlich verteutscht mit gantz gelerten und richtigen vorreden, und der schweresten Oerter kurze aber gute Auslegung, die aussländischen Wörter auf unser dentsch gewendet und gebessert. Zum drittenmal gedruckt zu Basel 1525. In Folio. Panzer, Entwurf p. 110 No. 12.

[4]) Das newe Testament D. Martin Luther. s. l. e. a. 4". (Basel, Petri 1525 ?). Fehlt in Panzers Entwurf. Voegelin, Ergänzungen und Nachweisungen zum Holzschnittwerk Hans Holbeins d. J. p. 4, des Separatabdrucks No. 8.

[5]) Das Newe Testament mit fleyss verteutscht
M.D.XXIIII.
Am Ende: Gedruckt zu Nürnberg durch Friederichen Peypus MDXXIIII.
In gr. Folio.

Panzer, Annalen der ältern deutschen Litteratur II. p. 245 No. 2129. Weigel, Kunstlagerkataloge II. No 8525. (2 Thaler 12 Gr.) Panzer, Entwurf p. 115 No. 1. Geschichte der Nürnberger Bibeln p. 117 No. VIII.

*A. Koberger*¹) gedruckte Vulgata geliefert hatte und welcher (h. 207 br. 175) die Anbetung des Kindes darstellt. Die Szene ist aus dem Stall hinweg in eine Palast-Ruine verlegt. Im Hintergrunde links erhebt sich ein aus Ziegelsteinen errichtetes hohes Mauerstück, an welchem ein Balkengerüste befestigt ist und auf dessen Spitze Gras und Bäume wachsen. Davor steht ein in der Mitte abgebrochener Säulenstumpf. Die Architektur rechts ist noch vollständig erhalten. Eine schwere Mauer mit reich verziertem Gesimse wird von einer korinthischen Säule, um deren Schaft Kränze geschlungen sind, und einem dicken Mauerpfeiler getragen, doch auch hier wachsen schon Bäume hervor. In der Mitte dieses Raumes liegt auf dem Boden eine grosse Steinplatte und auf derselben theils auf einem Kissen, theils auf dem Mantel der Maria das Christkind, mit welchem drei geflügelte Engelknaben spielen. Zu beiden Seiten der Platte knieen die Eltern, links der bärtige Joseph, der in der rechten Hand eine brennende Kerze hält, die linke verwundert emporhebt, rechts in einen weiten Mantel gehüllt, mit einer Kaputze auf dem Kopfe, die jugendliche Maria. In der Luft schwebt der Engel, der den Hirten die frohe Botschaft verkündet; zwei derselben, ein alter Mann und ein Jüngling, der ihn führt, sind schon herbeigeeilt. Der Alte kniet mit gefalteten Händen auf der Schwelle, der Jüngling hat ehrerbietig die Kappe gezogen. Durch die Lücken der Mauertheile hat man Ausblick in's Freie und sieht in der Mitte ein hohes Steinhaus an einem Bergabhang. Rechts stehen an der Krippe der Ochse und der Esel, weiter hinten ist eine mit Stroh bedeckte Hütte, vor der ein entblätterter Baum steht. Das Monogramm des Künstlers befindet sich auf der Steinplatte links. Der Holzschnitt ist eine von Springinklee's bedeutendsten Arbeiten. — Ferner steht vor jedem Buche ein den Verfasser darstellender Holzschnitt und vor der Apostelgeschichte die Ausgiessung des heiligen Geistes. Hierzu hat Peypus die Illustrationen benutzt, welche Hans Springinklee für die von Johannes Stüchs in Nürnberg²) und Johann Clein in Lyon³) 1516 veranstalteten Ausgaben des *Hortulus animae* geliefert hatte. Paulus (auf fol. 82), Petrus (fol. 122), Johannes (fol. 123), der schreibende Bischof (fol. 126), Jacobus (fol. 132) und Judas (fol. 134) sind daraus genommen. Petrus, Judas, Johannes, Jacobus und der Bischof sind mit dem Monogramm versehen.

Den zweiten Nachdruck veranstaltete Hans Hergott 1524 in Octav.⁴) **66.**

---

¹) Biblia cum concordantiis veteris et novi testamenti. Fol. — Panzer, Annales typographici Vol. VII. p. 330 No. 447. — Weigel, Kunstlagerkataloge III. No. 15477. (6 Thlr.)

²) Panzer, Annalen I. p. 387 No. 835. 8⁰.

³) 8⁰ Panzer, Annales typographici VII. p. 457 No. 121.

⁴) Das new Testament Deutsch Martin Luther. Am Ende: Gedruckt zu Nürnberg durch Hans Hergott M.D.XXIIII. In Octav. Panzer, Entwurf p. 116 No. 2.

Der die ganze Seite einnehmende Titelholzschnitt zeigt einen unbekannten Heiligen, der schreibend vor einem Pult sitzt. Aus seinem Gesicht leuchten Strahlen hervor und über ihm schwebt die Taube des heiligen Geistes. Vor dem Anfang des Matthaeusevangeliums steht ein kleiner Holzschnitt, welcher Jesus am Kreuze mit Maria und Johannes darstellt. Am Ende der Apostelgeschichte kommt der Heiland, der die eine Hand zum Segnen aufhebt, in der andern die Weltkugel hält. Auf der Rückseite stehen die beiden Apostel Petrus und Paulus. Die Apokalypse hat die gewöhnlichen 21 die einzelnen Octavseiten einnehmenden Holzschnitte, welche nach denen der Wittemberger Decemberausgabe copirt sind.

67. Auch die dritte 1525[1]) und die vierte 1526[2]) erschienene Octavausgabe gehören Hans Hergott an. Die letztere hat auf dem Titel den Holzschnitt der Hergott'schen Ausgabe von 1524, hierauf folgt der in einem Buche lesende Matthaeus, vor welchem der Engel steht. Die übrigen Holzschnitte, sowohl diejenigen vor den einzelnen Büchern, wie die der Apokalypse nehmen die ganzen Seiten ein.

68.

69. Die 5te Ausgabe in Kleinoctav[3]) veranstaltete 1527 Jobst Gutknecht. Die Titeleinfassung zeigt unten Christus am Kreuz zwischen den Schachern. Ausser den 21 gewöhnlichen Holzschnitten in der Apokalypse hat die Ausgabe noch zwei: einen am Anfang der Apostelgeschichte, welcher die Ausgiessung des heiligen Geistes, den andern vor der ersten Paulusepistel, welcher den Apostel mit einem doppelten Schwerte darstellt.

70. Die 6te Ausgabe (in Kleinoctav) druckte Gutknecht 1531.[4]) Die Holzschnitte vor der Apostelgeschichte und der Epistel an die Römer sind die der vorhergehenden Ausgabe. Die Apokalypse dagegen hat die 26 Blätter der Wittemberger (Lufftschen) Ausgabe von 1530.

71. Die 7te Ausgabe, in Octav,[5]) erschien bei Kunigund Hergottin 1533. Der Titelholzschnitt zeigt den auferstandenen Christus und über demselben

---

[1]) Das Neue Testament Nürnberg durch Hans Hergott 1525. In Octav. Panzer, Entwurf p. 117, No. 3. Zusätze zur Geschichte der Nürnbergischen Ausgaben der Bibel p. 146.

[2]) Das New Testamet teutsch. mit Christlichen Vorreden, schönen Figuren und unterrichtlichem Register aller feyrtag durch das gantz jar, auch dabey die Summa oder inhalt cynes yeglichen Capitels der vier Euangelisten mit höchstem vleyss Corrigiert. Am Ende: Gedruckt zu Nüremberg durch Hans Hergott MDXXVI. In Octav. Panzer, Entwurf p. 118 No. 4. Geschichte der Nürnbergischen Bibelausgaben p. 132 No. XV.

[3]) Das New Testament Teutsch MDXXVII. Am Ende: Getruckt zu Nürenberg durch Jobst Gutknecht. MDXXVII. In kl. Octav. Panzer, Entwurf p. 119 No. 5. In der Geschichte der Nürnbergischen Bibelausgaben nicht angeführt.

[4]) Das new Testament Teutsch. MDXXXI Am Ende: Gedruckt zu Nürenberg durch Jobst Gutknecht 1531. In kl. Octav. Panzer, Entwurf p. 121 No. 6.

[5]) Das Newe Testament. Am Ende: Gedruckt zu Nürnberg durch Kunegund Hergotin (1533). In Octav. Panzer, Entwurf p. 122 No. 7. Geschichte der Nürnbergischen Bibelausgaben p. 137 No. XVIII.

Gottvater, auf beiden Seiten die vier Evangelisten mit ihren Symbolen. Nach dem Register folgt Matthaeus mit dem Engel, hierauf vor jedem Buche der Verfasser. Die Holzschnitte der Apokalypse sind wie diejenigen der vorhergehenden Gutknecht'schen Ausgabe Copien der in der Wittemberger Octavausgabe von 1530 enthaltenen. Doch ist von den fünfen, welche jene neu gebracht hatte, hier nur einer, der, welcher die Niederlage der Türken vor Wien darstellt, beigegeben. Die Nürnberger Ausgabe hat also in der Apokalypse nur 22 Holzschnitte.

* * *

In Strassburg erschien der erste Nachdruck 1522 in 8° bei Johann Schott.[1]) Vor jedem Evangelium ist der Verfasser abgebildet, vor der Apostelgeschichte sieht man in einem grösseren Holzschnitte alle Apostel in einer Gruppe beisammen stehen; nach der Apostelgeschichte den Heiland mit den beigefügten Worten: »wer uss der warheit ist, der hört mein stymm.« Auch vor jeder Epistel stellt ein Holzschnitt die Verfasser dar, unter denen besonders Paulus mit dem Schwerte oft wiederholt wird. Der Holzschnitt auf dem letzten Blatte zeigt Christus am Oelberg, darüber steht: »Christus überwindt.«

Eine zweite s. l. e. a. erschienene Ausgabe in Folio²) scheint ebenfalls von Schott herzurühren. Der Holzschnitt auf der Rückseite des Titels zeigt Christus am Kreuze zwischen Maria und Johannes. Zu Anfang der Evangelien prangen grosse Initialen mit den darin befindlichen Bildern der Verfasser; vor den Episteln sind die Holzschnitte der vorigen Ausgabe wieder abgedruckt, vor derjenigen an die Ebräer ist das Blatt wieder verwendet, welches dort vor der Apostelgeschichte stand und die sämmtlichen Apostel darstellte.

Abgesehen von einer 1524 bei Wolff Köphl erschienenen Octavausgabe³) gehören von nun an die meisten der in Strassburg gedruckten Ausgaben dem Drucker Johann Knoblouch an. In seiner Octavausgabe vom März 1524⁴) stehen vor dem Anfang der einzelnen Bücher bald grössere bald kleinere Holzschnitte, welche nach denen der Wittemberger Ausgabe copirt sind und von denen der grösste vor der Apostelgeschichte die Ausgiessung des heiligen Geistes darstellt. Die Apokalypse ist nicht illustrirt. —

---

[1]) Jhesus. Das New Testament Deutsch. Am Ende: Zu Strassburg bey Hans Schotten, buchdrucker zum Thyergarten (1522). In Octav. Panzer Entwurf p. 123 No. 1.

²) Jhesus. Das New Testament teutsch. In Folio. Panzer Entwurf p. 126 No. 2.

³) Das Neue Testament. Gedruckt zu Strassburg bei Wolff Köpphel 1524. In Octav. Panzer Entwurf p. 128 No. 3.

⁴) Das Neue Testament. Am Ende: Gedruckt und volend zu Strassburg bey Johann. Knobloch im 1524. am fünften tag des Martzen. In Octav. Panzer Entwurf p. 129 No. 4.

76. In der Folioausgabe von 1524[1]) findet sich zum ersten Mal die Titeleinfassung, welche später Steiner in Augsburg in seinem Neuen Testament von 1527 wiederholte. Vor dem Anfange der Bücher stehen grosse Holzschnitte, welche die Verfasser darstellen, in der Apokalypse finden sich 16 Figuren, längliche Vierecke, welche nur die Hälfte der Columnen einnehmen. — Eine zweite Folioausgabe von 1524 bringt in der Apokalypse

77.

78. neue Figuren.[2]) — Eine dritte von 1525[3]) unterscheidet sich von der vorhergehenden ebenfalls nur durch die 20 Blätter in der Apokalypse, welche die Grösse eines kleinen Octavblattes einnehmen. — Die vierte Folio-

79. ausgabe von 1528[4]) hat in der Apokalypse nur 16 Figuren, sonst ausser der Titeleinfassung keine Holzschnitte.

80. Ausser Knoblouch veranstaltete Hans Grüninger 1527[5]) auf Kosten des Jacob Beringer eine Ausgabe in Folio. Die Illustration besorgte der früher in Augsburg ansässige, seit kurzem in Strassburg thätige Heinrich Vogther. Der (h. 205 br. 160) Titelholzschnitt zeigt oben Gottvater, dessen Mantel von zwei Engeln gehalten wird, auf dem Wolkenthrone, darüber den heiligen Geist, darunter Christus, zu dessen Seiten zwei Tafeln schweben. Auf der einen stehen die Worte: ›Das ist das brot gottes das von himmel kumpt und gibt der welt daz leben‹ — auf der andern: ›Ich bin dz lebendig brot, wer von disem brot essen würt, d'ist in ewikeit leben.‹ Unten stehen die vier Evangelisten mit Büchern in der Hand, da-

---

[1]) DAs neuw Testament recht grüntlich teutscht. Mit schönen vorreden, und der schweresten örteren kurtz, aber gut, ausslegüg. Vnd Register, wo man die Epistlen und Euangelion des gantzen iars in disem Testament finden soll. Darzu, der ausslendigen wörtter auf vnser teutsch anzeigüg. Getruckt in Strassburg durch Johan Knoblouch Im Jar MDXXIIII. In Folio. Panzer Entwurf p. 129 No. 5.

[2]) DAs neuw Testament recht grüntlicht teutscht. Mit schönen — Und Register — Darzu, der ausslendigen — anzeigüg. Getruckt zu Strassburg durch Johan Knobloch. Anno MDXXIIII. In Folio. Panzer Entwurf p. 130 No. 6.

[3]) DAs neuw Testament, Recht gründtlich teutscht — Mit schönen vorreden — ausslegung. Und Register — Episteln — soll, darzu der usslendigen anzeygung. Getruckt zu Strassburg durch Johan Knoblouch. Im Jar MDXXV. In Folio. Panzer Entwurf p. 131 No. 7.

[4]) DAs Neuw Testament recht gründtlich Teutscht. Mit schönen vorreden, und der schwersten örteren kurtz, aber gut, usslegung. Und Register, wo man die Epistlen und Euangelion des gantzen iars in diesem Testament finden sol. Darzu, der ausslendigen wörter, auff onser teutsch anzeygung. Zu Strassburg bei Joh. Knob. M.DXXVIII. In Folio. Panzer Entwurf p. 136 No. 10.

[5]) Das nüw Testamēt kurtz und grüntlich in ein ordnung und text, die vier Euangelisten, mit schönen Figuren durch auss gefürt Sampt den anderen Aposteln. Und in der keiserlichen stat speier volendet durch Jacobum Beringer Leuiten. In dem iar des heiligen reichtags. 1526. Am Ende: Und ist diss buch gedruckt, in herr Jacob Beringers kosten, Zu Strassburg, von Johanns Grieningern, uff den Christabent, an dem MD und XXVII Jar. In Folio. Panzer, Entwurf p. 133 No. 9.

vor knieen betend die Vertreter aller Stände, in der Mitte der Papst und der Kaiser, zwischen denen auf einer Tafel das Monogramm *HH* angebracht ist. In den vielen (h. 210 br. 160) Textholzschnitten, welche sämmtlich die ganzen Seiten füllen, sind immer mehrere Szenen auf einem Blatte zusammengefasst und die Figuren durch beigesetzte Namensinschriften kenntlich gemacht. Der erste zeigt den Stamm Jesu, der zweite schildert das Leben der Maria bis zu ihrer Begegnung mit Elisabeth, der dritte die Jugend Christi bis zur Flucht nach Aegypten u. s. f. Im Ganzen sind in den Evangelien 29, in der Apostelgeschichte 13, in den Episteln 15 und in der Apokalypse 7 Holzschnitte. Das Beste ist auf allen die Landschaft, die man beinahe aus der Vogelperspective überschaut und die immer von oben bis unten mit kleinen, theilweise sehr alterthümlichen Figuren gefüllt ist. An künstlerischem Werth sind die Holzschnitte verschieden. Zu den besten gehört die 6te Figur der Episteln. Wir haben hier also wieder eine Bibel, die vollständig unabhängige Illustrationen aufweist.

* * *

In Zürich wurde Luthers Neues Testament von Christoph Froschauer und Hans Hager 1524 dreimal nachgedruckt.[1])

In dem ersten Froschauerschen Nachdruck, der Octavausgabe,[2]) sind 81. den Evangelien, der Apostelgeschichte und der Offenbarung schlechte Bilder der vier Evangelisten vorgesetzt. Vor dem zweiten Theil des Bandes, der mit den paulinischen Briefen beginnt, steht Paulus, eine ehrwürdige aber seltsam verzeichnete Gestalt, deren Oberkörper im Profil gesehen ist und ruht, während der Unterkörper, nach vorn gekehrt, stark nach vorwärts schreitet. Vor den Petribriefen steht Petrus mit dem Schlüssel. Beim rechten Fuss des Paulus sowie beim linken des Petrus ist als Monogramm ein verschlungenes C. V. angebracht. Es ist also möglich, dass die Holzschnitte von dem Meister herrühren, welcher die 8 schönen Blätter zu des Erasmus bei Froben in Basel gedruckter »Precatio dominica« fertigte.

In der ebenfalls 1524 erschienenen Froschauerschen Folioausgabe des 82. Neuen Testamentes[3]) ist als Titelblatt der Holzschnitt mit Szenen aus

---

[1]) Voegelin, Die Holzschneidekunst in Zürich im 16ten Jahrhundert. Neujahrsblätter der Stadtbibliothek in Zürich 1879 — 82. Zürich, mit 6 Kunstbeilagen.
[2]) Bei Panzer, Entwurf p. 142 ff., nicht aufgeführt, beschrieben von Voegelin, die Holzschneidekunst in Zürich I. p. 18. — Rudolphi, Christoph Froschauer, Zürich 1869, No. 88.
[3]) Das gantz nüw testament recht gründtlich vertütscht. Mit gar gelerten unnd richtigen Vorreden, und der schwersten Oertern kurtz aber gut usslegungen. Ein gnugsam Register, wo man die Episteln und Evangelien des gantzen Jars in diesem testament finden sol. Getruckt zu Zürich, durch Christoffel Froschover Anno MDXXIIII. In Folio. Panzer, Entwurf p. 142 No. 1. Rudolphi No. 87. Voegelin, Holzschneidekunst in Zürich p. 21.

dem Leben des Paulus benutzt, den Froschauer 1523 für Leo Judäs Uebersetzung der Erasmischen Paraphrasen der neutestamentlichen Episteln hatte fertigen lassen. Die den betreffenden Schriften vorgedruckten Bildnisse der Verfasser sind dieselben wie in der Octavausgabe, doch ist von den beiden Holzstöcken des Meisters C. V. nur der Petrus verwendet, für den verzeichneten Paulus ein den andern analoges Bild eingetreten, welches zeigt, wie Petrus seinem Schreiber dictirt.

83. Hans Hagers 1524 erschienene Quartausgabe[1]) brachte wenig Neues. Das Titelblatt enthält Hagers grosses Signet: zwei Bauern neben einem Schild und einem Hag. Die am Beginne der betreffenden Schriften stehenden Bilder der Evangelisten Matthaeus, Marcus und Johannes sowie des Apostel Paulus sind nach Vorlagen älterer Bibeldrucke gearbeitet Lucas (beim Evangelium und bei der Apostelgeschichte) und die Vision des Petrus (bei der ersten Epistel Petri) sind Copien der entsprechenden Bilder Holbeins zum Petrischen Neuen Testament von 1522. —

Wir finden also eine Reihe der bedeutendsten Meister an der Illustration des Neuen Testamentes betheiligt. In Augsburg leitet die Illustration der von Schoensperger veranstalteten Ausgaben Hans Scheifelin, diejenige der Othmarschen Ausgaben Hans Burgkmair. In Basel zeichnet Hans Holbein für Petri die vier Evangelisten, die Ausgiessung des heiligen Geistes, Petrus und Paulus, für Wolff die 21 Blätter zur Apokalypse. In Nürnberg werden in der Peypuschen Ausgabe von 1524 verschiedene schöne Arbeiten Hans Springinklee's zusammengestellt. In Strassburg liefert Heinrich Vogther für die Grüningersche Ausgabe von 1527 64 originelle Compositionen. In Zürich tritt uns ein fleissiger Künstler C. V. entgegen. In den meisten Fällen sind die Illustrationen von denen der Wittembergischen Originalausgaben mehr oder weniger beeinflusst. Nur das Peypus'sche und Grüninger'sche Neue Testament weisen ganz unabhängige Compositionen auf.

---

[1]) Fehlt bei Panzer, Entwurf p. 142 ff. Cf. Voegelin, die Holzschneidekunst in Zürich a. a. O. und Weller, Repertorium bibliographicum, Nördlingen 1866 No. 3193.

CAP. IV.
LUTHERS ALTES TESTAMENT IM NACHDRUCK.

Wie das Neue Testament wurde auch Luthers Altes Testament sofort nach seinem Erscheinen allerwärts nachgedruckt.

In Augsburg übernahmen diese Aufgabe Silvan Othmar, Melchior Ramminger und Heinrich Steiner.

Silvan Othmars Folioausgabe des alten Testamentes, von welcher der erste Theil 1523, der zweite 1524, der dritte 1525 erschien, bringt wenig Neues.[1]) Der Titelholzschnitt des ersten Theiles ist aus der Othmarschen Bibel von 1518 genommen; auf ihn folgt ein die ganze Seite einnehmender Holzschnitt, welcher oben die Schöpfung, unten Isaaks Opferung und Jacobs Himmelsleiter darstellt; die übrigen 11 Holzschnitte des Theiles stammen aus der Wittemberger Originalausgabe. Der Titelholzschnitt des zweiten Theiles zeigt wie in der Wittemberger Ausgabe den geharnischten Josua, die 23 Textholzschnitte sind ebenfalls genaue Copien der dort befindlichen. Der dritte Theil hat auf dem Titel den aus der Wittemberger Originalausgabe genommenen Holzschnitt, welcher oben die Väter des alten Testamentes auf einem Balcon, unten die Annagelung Christi an's Kreuz zeigt, nach dem Register den Holzschnitt mit dem Unglück des Hiob. Othmar wiederholte den ersten Theil 1525, den zweiten 1528 mit denselben Holzschnitten.[2])

Von Melchior Ramminger ist nur ein am 14. November 1523 erschienener Nachdruck des ersten Theiles in klein Folio erhalten.[3]) Der

---

[1]) Das Alte Testament deutsch M.D.XXIII. Am Ende: Anno M.D.XXIII. am XXIIII. tag Octobris seind dise Fünf bücher Mose, zu Augspurg von Silvano Ottmar gedruckt und geendet. In Folio. — Das ander tail des alten Testaments. Am Ende: Getruckt in der kayserlichen Statt Augspurg, durch Silvanum Otmar, bey sant Ursula kloster am Lech, und geendet auff den XXVI. tag Aprilis. Im iar nach der geburt Christi unsers seligmachers M.D.XXIIII. In Folio. — Das Dritte tayl des Allten Testaments. MDXXV. Am Ende: Durch Silvanum Otmar in Augspurg getruckt. Panzer, Entwurf der Geschichte der lutherschen Bibelübersetzung p. 162, 1, p. 169, 2, p. 172, 2. Panzer, Beschreibung der Augsburgischen Ausgaben der Bibel No. 30, 41, 43.

[2]) Das Alte Testament deutsch Augspurg durch Silv. Ottmar MDXXV. In Folio. — Das Anter tail des Alten Testaments. Am Ende: Getruckt zu Augspurg, durch Siluanum Otmar, bey sant Ursula kloster, unnd geendet nach der geburt Christi unsers Haylands M.D.XXVIII. auff den XX. tag Januarii. In Folio. Panzer Entwurf p. 166 No. 4, p. 170 No. 3.

[3]) Das Alte Testament Deutsch. M.D.XXIII. Am Ende: Anno MDXXIII. am XIIII. tag Nouembris seind diese Funf bücher Mose zu Augspurg von Melchior Raminger gedruckt und geendet. In kl. Folio. Panzer, Entwurf p. 163 No. 2.

Titel hat eine Bogeneinfassung; rechts steht Jesaias, links David, unten ist die Schöpfung der Welt und des Weibes in zwei Feldern dargestellt.

87. Eine dritte (Octav)Ausgabe, von welcher der erste Theil 1523, die beiden andern 1524 erschienen, ist wahrscheinlich auch aus Ramminger Officin hervorgegangen.[1]) Unter dem Titel steht der Holzschnitt, welcher zuerst in dem von Sigmund Grimm gedruckten Ammanischen Psalter angewendet war und den Moses darstellt, wie er knieend die Gesetzestafeln von Gott empfängt. Alle übrigen Holzschnitte, die 11 Textholzschnitte des ersten, das Titelblatt und die 23 Textbilder des zweiten, das Titelblatt und der Textholzschnitt des dritten Theiles, sind verkleinerte Copien der entsprechenden Blätter der Wittemberger Originalausgaben.

88. Die vierte Ausgabe in Folio veranstaltete Heinrich Steiner 1527; wahrscheinlich druckte er alle 3 Theile, doch ist nur der erste und dritte Theil bekannt[2].) Der Titelholzschnitt des ersten Theiles ist eine Copie des in der Wittemberger Originalausgabe befindlichen: das Portal, oben spielende Engel, unten Christus am Kreuz, von vielen Engeln angebetet. Die 11 Textholzschnitte sind verkleinerte Copien der Wittemberger. Der Holzschnitt vor dem Buche Hiob im dritten Theil ist dagegen nicht aus der Wittemberger Ausgabe genommen, sondern im Anschluss an denjenigen entworfen, welchen Hans Wächtlin in Strassburg 1517 für Gersdorfs ›Feldbuch der Wunderarznei‹ gefertigt hatte. Hiob, dessen Haupt von einem Nimbus umgeben ist, sitzt nackt auf einem Misthaufen, davor steht seine Frau und sagt ihm: ›benedic et morere‹, aus der Luft fahrt der Satan mit einer Peitsche auf ihn herab.

89. Steiners aus 3 Theilen bestehende Folioausgabe von 1529[3]) stimmt mit der von 1527 überein.

---

[1]) Dye funff bucher Mose, des alten testaments Teutsch. Am Ende: Volendet am 29. tag Octobris. Anno Domini 1523. In 8⁰. — Das ander toyl des alten Testaments Am Ende:1524. In Octav. — Das dritte Tayl des alten Testaments M.D.XXIIII. In Octav. Panzer Entwurf p. 164 No. 3, p. 168 No. 1, p. 171 No. 1.

[2]) Das Allte Testament Deutsch Gedruckt zu Augspurg, durch Hainrich Stainer M.D.XXVII. In Folio. — Das Dritte Teyl des Alten Testaments. Der Psalter von nenem durch D. Martin Luther geendert unnd gebessert (Solchs zeigen an dise sternen ** wo sie kommen) M.D.XXVII. Am Ende: Getruckt zu Augspurg durch Heynrich Steyner, Am Sibentzehenden tag des Augstmonets. Nach Christi geburt MDXXVII. In Folio. Panzer Entwurf p. 166 No. 5, p. 173 No. 3.

[3]) Das Allte Testament Deutsch Getruckt zu Augspurg durch Heinrich Stainer M.D.XXIX. in Folio. — Das ander Teil des alten Testaments M.D.XXIX. Am Ende: Getruckt zu Augspurg durch Heinrich Steiner, nach der geburt Christi unsers Heilands M.D.XXIX. auf dem XIX. tag Julii. In Folio. — Das dritte teyl des alten Testaments. Der Psalter von newen durch D. Martin Luther geendert und gebessert (solches zeygen diese sternen (**) wo sy kommen.)

Die Holzschnitte seiner Octavausgabe von 1530,[1]) von der jedoch ebenfalls nur der erste und dritte Theil bekannt ist, sind diejenigen der wittembergischen Ausgaben. Nur einen hat die Steinersche Ausgabe mehr, den vor dem ersten Buche Moses, wo Gott vor der Erdkugel steht.

* *
*

In B a s e l begann den Nachdruck des Alten Testamentes Thomas Wolff, lieferte jedoch nur den ersten Theil, um dann das einträgliche Geschäft seinem Collegen Adam Petri zu überlassen.

Wolff veranstaltete seinen ersten Quartnachdruck 1523 unter dem Titel: »Das Allt Testament yetzt recht grüntlich aus dem Ebreischen teutscht und auf ein rechten verstant bracht. Und an vil örteren erklärt und bessert, welchs in den vorigen gar schwer, tunckel und falsch gewesen ist.« Wie beim Wolff'schen Neuen Testament war es auch hier Hans Holbein, welcher die Illustration zu leiten hatte. Wie dort war aber auch hier Holbeins Aufgabe nur, die 11 Bilder der Wittemberger Folioausgabe in das gewöhnliche Octavformat (h. 123 — 124 br. 75) zu reduciren. Dem ersten, bei Folio VIII eingehefteten, welcher die Sündfluth darstellt, hat er durch Weglassen mehrerer Figuren eine klarere Disposition zu geben versucht. Auf dem zweiten, bei Folio 25 eingehefteten, wie der Engel den Abraham am Opfer seines Sohnes hindert, ist an die Stelle des hölzernen Isaak der Vorlage eine rührend empfundene neue Figur getreten. Im 3ten Holzschnitt bei Fol. 34, wie Jacob im Traum die Himmelsleiter sieht, geht diese nicht wie in Wittemberg von links nach rechts, sondern von rechts unten nach links oben, und auch der Hintergrund ist wieder durch Reminiscenzen an Luzern mit dem Rigi zu einem charakteristischen Landschaftsbilde gestaltet. Das vierte Blatt auf Fol. 51 zeigt, wie Joseph dem Pharao seine Träume auslegt. Die beiden Hauptpersonen, die in der Wittemberger Ausgabe dem Beschauer zugekehrt waren, sind hier scharf im Profil gesehen. In der untern Abtheilung stehen die 7 fetten und die 7 mageren Kühe, die in Wittemberg links gestanden hatten, vorn, die fetten und magern Achren, die auf dem Wittenberger Blatte die rechte Seite einnahmen, im

---

M.D.XXIX. Am Ende: Gedruckt zu Augspurg durch Heynrich Stayner am 24. Tag des Aprilen. Nach Christi Geburt M.D.XXIX. In Folio. Panzer, Entwurf p. 167 Nr. 6, p. 171 Nr. 4, p. 173 Nr. 4.

[1]) Das Alt Testament deutsch der ursprünglichen Hebreyschen Wahrheit nach auff's trewlichst verdeutscht: Und yetzmals in diesen Truck durch den Tolmetscher erleuchtet, mit viel hübschen der besondern schweren Orten ausslegungen und erklärung, die kein ander druck haben. Gedruckt zu Augspurg durch Heinrich Steyner M.D.XXX. In Octav. — Das dritt teil des alte Testaments, die bücher dieses teils. I Buch Hiob. — V hohe Lied Salomonis. Gedruckt zu Augspurg durch Heinrich Steyner. M.D.XXX. Am Ende: Gedruckt und vollendet am XXIII. tag Julii des M.D.XXX. Jars. In kl. Octav. Panzer Entwurf p. 167 Nr. 7, p. 174 Nr. 5

Hintergrund. Die hungernden Thiere sind Holbein besonders gut gelungen. Das 5te Blatt auf Fol. 97, welches den Räucheraltar und die Bundeslade darstellt, ist nur in der Ausführung des Bodens verschieden, welcher im Wittenberger Bild mit Marmorplatten belegt war, hier dagegen die Erdoberfläche zeigt. Auf dem 6ten Holzschnitte auf der Rückseite von Fol. 97, welcher die Geräthe der Stiftshütte vorführt, sind die Gefässe besser stylisirt und theilweise umgestellt. Im 7ten auf Fol. 99, dem mit grossen Steinen gepflasterten Hof, ist die Hofmauer als Quadermauer aufgeführt und der Hintergrund verandert. Auf dem 8ten Bild (Fol. 99 b), das die Construction der Stiftshütte veranschaulichen soll, ist anstatt der Lichtöffnung im Hintergrund ein Gitterfenster angebracht. Im 9ten Blatt auf der Rückseite von Fol. 100, welches das Innere eines Gemaches darstellt, findet man an der Hinterwand ein vergittertes Rundfenster angebracht, den Brunnen besser stilisirt und die Opfergeräthe geschickter angeordnet. Der 10te auf der Rückseite von Fol. 101 gibt eine Copie der perspectivischen Ansicht der Stiftshütte und ihres Hofes, hat aber wieder im Hintergrunde eine allerliebste Schweizerlandschaft mit einem Dorf, von dessen Kirchthurm eine Flagge weht. Der 11te Holzschnitt auf Fol. 102 gibt eine Copie des Hohenpriesters im Amtsornat. Neu zugegeben ist als Hintergrund eine gebirgige Landschaft. Was Holbein in den elf Holzschnitten Neues brachte, ist also, dass er die Stellungen der Figuren verbesserte, die architektonischen und ornamentalen Theile feiner stilisirte und wo es anging, landschaftlichen Hintergrund beifügte.

Nach Vollendung dieses ersten Theiles[1] schloss Thomas Wolff seine Thätigkeit ab. Die drei Theile des alten Testamentes brachte erst Adam Petri zu Stande.

92. Der erste Theil des Petrischen Nachdruckes[2] erschien im Dezember

---

[1] Am Ende: Zu Basel durch Thoman Wolff im iar als man zalt M.D.XIII. In gr. Octav. — Panzer, Annalen d. ältern deutschen Litteratur II p. 130. Nr. 1609. — Panzer, Entwurf d. Geschichte der Luther'schen Bibelübersetzung, p. 176, Nr. 2. — Weller, Repertorium bibliographicum. Nr. 2709. — Metzger, Geschichte der deutschen Bibelübersetzungen in der schweizerisch reformirten Kirche von der Reformation bis zur Gegenwart, Basel 1876. p. 48. — Vögelin, Ergänzungen und Nachweisungen zum Holzschnittwerk Hans Holbeins d. J.

[2] Das Alte Testament, deutsch, der ursprunglichen Hebreischen warheit nach auffs trewlichst verdeutscht. Und yetzmals in disem truck, durch den tolmetscher erleuchtet mit vil hübschen der besunder schweren ortten ausslegungen und erklerung, die keyn ander Druck haben. Zu Basel, bey Adam Petri in Christmon des M.D.XXIII. jars. In Folio. Stockmeyer und Reber, Baseler Buchdruckergeschichte p. 145, Nr. 80. Weigel, Kunstlagerkataloge Nr. 17891. Panzer, Annalen II. p. 130. Nr. 1607; Entwurf p. 175. Nr. 1. — Das ander teyl des alten Testaments. Gedruckt zu Basel bey Adam Petri M.D.XXIII. In Folio. Panzer, Entwurf p. 177. Nr. 1. — Das dritt Teil des Alten Testaments das Register über die Bücher dieses Theils, Hiob, Hohe Lied Salom. Gedruckt zu Basel durch Adam Petri M.D.XXIIII. im Christmon. In Folio. Panzer, Annalen II. p. 239. Nr. 2109. Panzer, Entwurf p. 178. Nr. 1.

1523, der zweite im Oktober 1524, der dritte im Dezember 1524. Der Aufgabe, Wittemberger Blätter zu copiren, war Holbein von jetzt an überhoben, da Petri nicht mehr mit Wittemberger Bildern illustrirte, sondern die verkleinerten Copien der Holzschnitte der 1480 erschienenen kölnischen Bibel anwendete, welche Schönsperger für seine Ausgabe von 1487 vom Künstler H, hatte anfertigen lassen und die Johannes und Silvan Othmar in ihren Bibeln von 1507 und 1518 benutzten.

Holbein übernahm die Umarbeitung von fünf für den ersten im Dezember 1523 erschienenen Theil des Alten Testamentes bestimmten Blättern; in vieren schloss er sich wieder eng an die alten Vorbilder an, während er eines frei komponirte. Im ersten, der Weltschöpfung, ist die Disposition des alten Bildes vollkommen beibehalten und doch das Einzelne gänzlich umgestaltet worden. Beim Titelbild, der Schöpfung des Weibes, ist Adam im Gesichtsausdruck und in der Haltung der Beine und Gottvater in Stellung und Costüm verändert, und von den Thieren nur der Hirsch herübergenommen. Im äussern Kreis ist der segnende Gottvater frei umgestaltet und sind die steifen Engel der Augsburger Vorlage manigfaltig belebt worden. Die vier Winde in den Ecken sind nicht wie dort nach auswärts, sondern dem Bilde zugekehrt, in das sie mit gewaltiger Kraft hineinblasen. Der zweite Holzschnitt, wie Abraham vor den drei Engeln kniet, schliesst sich in der Disposition vollkommen an die Vorlage an, während der dritte, das Passamahl, eine freie, Holbein eigenthümliche Composition ist. Auch auf dem vierten, Nadab und Abihu vom Feuer verzehrt, ist mit scheinbar geringer Veränderung Alles belebt worden. Der fünfte, Bileams Eselin, ist dagegen sogar im Costüm dem Vorbilde angepasst.

Die übrigen Holzschnitte haben mit Holbein Nichts zu thun. Es sind alle 97 Blätter der kölnischen Bibel vorhanden, nur die Bücher Tobias und Judith, die Luther damals noch nicht übersetzt hatte, mit den betreffenden Bildern Nr. 81—84 fehlen. Da Petri eine grosse Anzahl von Künstlern beschäftigte, so sind die Vorlagen in sehr verschiedener Weise behandelt worden. Einzelne Blätter, wie Jefta, Elkana, Eli's Tod sind Strich für Strich copirt, andere freier nachgebildet. Gemeinsam ist sämmtlichen Basler Bildern nur, dass das burgundische Costüm der Vorlagen durchgehends in das zeitgenössische des dritten Decenniums des XVI. Jahrhunderts übersetzt ist. Wer die von Petri beschäftigten Künstler waren, ist unbekannt. Einige müssen ganz unbedeutende Handwerker gewesen sein, Andere waren tüchtiger. Einer, welcher u. A. die Opferung des Isaak fertigte, steht in der Mitte zwischen Urs Graf und Holbein. Bezüglich des Formschneiders hat His auf den Buchstaben K hingewiesen, der sich auf einer Wetterfahne in dem Bilde findet, wo der keusche Joseph in's Gefangniss geführt wird, und hat dieses Monogramm auf den Namen des Formschneiders Kupferwurm gedeutet, für welchen sich der Rath von Basel beim Kaiser Maximilian 1517 verwenden musste, damit er für seine Arbeit am Theuerdank bezahlt werde.[1])

* * *

93. In Nürnberg lieferte den ersten Folionachdruck 1524 Friedr. Peypus.[2]) Wie in seinem Neuen Testament von demselben Jahre hat er darin hauptsächlich alte Holzstöcke zusammengestellt. Als Titelblatt des ersten Theiles bringt er — für eine Luther'sche Bibelübersetzung nicht gerade passend — den Titelholzschnitt, welchen Hans Springinklee für die Lyoner Ausgabe der Vulgata von 1520 gefertigt hatte. Er ist h. 250 br. 162 mm und zeigt ein prächtiges, von Säulen getragenes Gewölbe. Auf den Capitälen der Säulen stehen 2 Engelknaben, welche die Tafel halten, worauf der Titel steht. Durch das Gewölbe hat man Einblick in ein einfaches Zimmer. An der Hinterwand hängt eine Sanduhr, ein Pinsel und ein Rosenkranz, rechts ein Vorhang, welcher zurückgeschlagen ist und Ausblick in eine Landschaft gewährt. Links steht ein Tisch und auf demselben ein Kruzifix. Davor kniet mit gefalteten Händen im Profil von links gesehen, der bärtige Hieronymus. Der Oberkörper ist nackt, der Unterkörper von einem grossen faltigen Mantel bedeckt. Hinter ihm liegt der Löwe. Unten innerhalb des Säulenbaues ist ein Stück Grasboden sichtbar, auf dem eine Tafel mit dem Monogramm liegt. Darauf folgt vor der Genesis, die (h. 137 br. 180) Schöpfung der Eva, welche Springinklee für die 1521 in Lyon ›per M. Jac. Lacon expensis A. Koberger‹[3]) gedruckte Vulgata als Titelblatt zum Alten Testament angefertigt hatte. Der Holzschnitt führt in eine mit Laubwald bewachsene Landschaft, in deren Mitte ein See, in deren Hintergrund Felsen sichtbar sind, und die mit den verschiedensten Thieren bevölkert ist. Auf den Bäumen links sitzen Papageien, darunter spielen zwei Hirsche, ein Bock, ein Pferd und ein Kaninchen. In der Mitte, am Ufer des Sees, sieht man Hühner, Reiher, Schwäne, einen Panther, einen Bären, zwei Löwen, ein

---

[1]) Zahn's Jahrbücher II. p. 244.
[2]) Das Alte Testament mit fleyss verteutscht. M.D.XXIIII. Am Ende: Das Ende der bucher Mose. — Das Ander teyl des allten Testaments mit fleyss verteutscht M.D.XXIIII. Am Ende: Gedruckt zu Nürnberg durch Friderichen Peypus. M.D.XXIIII. — Das dritte teyl des Allten Testaments mit fleyss verteutscht. M.D.XXIII. Am Ende : Ende des Hohen liedes Salomo. Med. Folio. — Panzer, Annalen der ältern deutschen Litteratur II. p. 240. Nr. 211. Panzer, Entwurf der Geschichte der lutherschen Bibelübersetzung p. 185. Nr. 1. Panzer, Geschichte der Nürnbergischen Ausgaben der Bibel, p. 121. Nr. IX. Ebert, Bibliograph. Lexikon. Nr. 2172.
[3]) Biblia cum concordantiis veteris et novi testamenti, Lyon Clein 1521. fol. — Panzer, Annales typographici VII. p. 330. Nr. 447. Weigel Kunstlagerkataloge III. Nr. 15477. (6 Thlr.)

Schwein und eine Katze. Auf dem Apfelbaume rechts sitzt ein Vogel, darunter steht ein Einhorn und ein Kamel. Ganz im Vordergrund liegt der schlafende Adam, den linken Ellbogen auf einen Stein gestützt, die rechte Hand über das rechte Bein gelegt. Aus seiner Rippe steigt die bis zum Unterkörper sichtbare lockige Eva hervor. Gottvater, der das Wunder bewirkt, ist nicht sichtbar. Am Himmel scheinen Sonne, Mond und Sterne, das Monogramm des Künstlers befindet sich am Baumstamme rechts. — Das Titelblatt zum zweiten Theil liess Peypus neu von Erhard Schön im Anschluss an dasjenige der Wittemberger Ausgabe anfertigen. Unter einem Triumphbogen sitzt auf einem Steine nach links gewendet der bärtige Josua mit einem grossen Helm in der linken, der Streitaxt in der rechten Hand, in dunkler Ritterrüstung. Rechts unten steht: 1524 und das Monogramm E.S. Der hauptsächliche Unterschied von dem entsprechenden Blatte der Wittemberger Ausgabe ist, dass Josua nicht wie dort dargestellt ist, wie er siegesbewusst zum Himmel emporschaut, sondern wie er über die Mühsal seiner Kämpfe nachdenkt. Wie durch diese Titelblätter unterscheidet sich das Peypus'sche Alte Testament auch durch seine Textholzschnitte der zwei ersten Theile von allen übrigen deutschen Bibeln. Sie sind h. 60 br. 87mm, der erste zeigt Gottvater auf dem Throne, die übrigen schildern die biblischen Ereignisse seit der Vertreibung aus dem Paradiese, dem Thurmbau zu Babel und der Opferung des Isaak. Sie fanden sich theilweise schon in der Lyoner Bibel von 1518, in ihrer Gesammtzahl in derjenigen von 1520. Ein deutscher Künstler, aller Wahrscheinlichkeit nach Hans Springinklee, hatte sie gefertigt. Aber auch schon er hatte keine neuen Erfindungen zu bringen gehabt, sondern nur die Aufgabe, die in Italien festgestellte Reihenfolge von Vulgata-Illustrationen, wie sie sich zuerst in einer in Venedig bei Leonardus Lauredanus 1511 erschienenen lateinischen Bibel vorfand, und seitdem in allen Lyoner Ausgaben der Vulgata stereotyp festgehalten wurde, in etwas vergrössertem Maasstabe zu reproduzieren. Dieser von Springinklee gelieferte Cyklus alttestamentlicher Darstellungen wurde dann in allen Lyoner Vulgaten der nächsten Jahre [1]) beibehalten, bis später Holbein von den Gebrüdern Trechsel den Auftrag erhielt, ihn neu umzuarbeiten. — Von den 83 in der Lyoner Bibel von 1521 befindlichen Blättern wiederholte Peypus in den beiden ersten Theilen seines Alten Testamentes 54, konnte aber noch 8 hinzufügen, die in der Lyoner Bibel nicht gebraucht waren, und die Ermordung des Abel, Hanns Frevel, Jacobs Himmelsleiter, Josephs Gefangennahme, ferner, wie die Priester die Bundeslade durch den Jordan tragen, wie die Mauern der Stadt Jericho einfallen, wie die fünf Könige erhängt werden und wie Simson den Löwen bändigt, darstellen. Es ist

---

[1]) Lyon Clein 1522. fol. — Panzer, Annales typographici VII. p. 332. Nr. 460. u. ff.

wahrscheinlich, dass auch diese 8 Holzschnitte schon für eine Lyoner Ausgabe gefertigt waren, aber aus unbestimmtem Grunde weggelassen wurden. In der Peypus'schen Bibel finden sich also aus diesem Cyklus von Vulgata-Illustrationen 62 Blätter, von denen 30 dem ersten, 32 dem zweiten Theile angehören. — Als Titelblatt zum dritten Theil wiederholte Peypus den prächtigen Holzschnitt Christus am Kreuz mit Maria und Johannes, welchen Dürer für das von Hieronymus Hölzel 1517 gedruckte Eichstädter Missale gefertigt hatte. Die in der Lyoner Bibel befindlichen Textholzschnitte hat er in diesem Theile weggelassen und an ihrer Stelle vor dem Psalter den vor Gottvater knieenden David aus Springinklees *Hortulus animae* von 1516[1]) wieder abgedruckt. Das Peypus'sche Alte Testament ist also interessant, weil es uns einen ganz andern Illustrationscyklus als den sonst in den deutschen Bibeln gewöhnlichen vorführt. Es zeichnet sich ausserdem vor allen gleichzeitigen Bibeln durch seine prächtige Ausstattung aus, wenn auch nur ein Holzschnitt — der Schön'sche Josua — für die Ausgabe neu angefertigt wurde.

94.

Abgesehen von dieser prächtigen Folioausgabe hat Nürnberg nur noch eine bei Kunigund Hergottin 1531 erschienene Octavausgabe des ersten Theiles aufzuweisen.[2]) Die Holzschnitte sind, obwohl sie in der Vorrede sehr gerühmt werden, doch sehr unbedeutend und können schon wegen ihres kleinen Formates — sie nehmen in der Höhe nur den 4ten, in der Breite nur den 3ten Theil der Octavseite ein — keinen künstlerischen Eindruck machen. Sie sind im ersten Buche Moses am häufigsten, gehen aber nicht durch alle fünf Bücher hindurch. Im 2. Buche, bei den Capiteln, wo vom Bau der Stiftshütte die Rede ist, sind sie etwas grösser. In den drei letzten Büchern hören sie gänzlich auf.

* * *

95.

In Strassburg übernahm den Nachdruck ausschliesslich Johann Knoblouch. Er begann 1524 mit einem Octavnachdruck des ersten Theiles.[3]) Derselbe hat die gewöhnlichen 11 Figuren, ausserdem auf der letzten Seite einen Holzschnitt, welcher die aus einer Höhle heraussteigende nackte Wahrheit

---

[1]) 8° Panzer Annales typographici VII, p. 457. Nr. 121.

[2]) Das Alt Testament teutsch. Mit vil schönen Figuren (wie vor Augen erscheinet) und auffs fleissigst Corrigiert M.D.XXX. Am Ende: Gedruckt zu Nüremberg durch Kunigund Hergottin M.D.XXXI. In Octav. Panzer, Entwurf p. 187. Nr. 2.

[3]) DAS ALTE Testament, deutsch nach ursprünglicher Hebreischer warheit. Mit schöner, der schweresten örter ausslegung. M. Luther. Zu Strassburg bey Johan Knobloch im Hornung des M.D.XXIIII. Am Ende: Gedruckt zu Strassburg bey Johann Knobloch. Nach Christi geburt. M.D.XXIIII. am XXV. tag des Hornungs. In Octav. Panzer, Entwurf p. 188. Nr. 1.

darstellt. Oben steht: *H. A. HIOEL A*, unten: Verum quum latebris delituit diu, emergit; dasselbe auf der linken Seite griechisch, rechts hebräisch. Knoblouch's übrige Ausgaben sind in Folio; der erste und zweite Theil erschien 1524, der zweite Theil 1525.[1]) Im ersten Theil wiederholt er den Illustrationscyklus der cölnischen Bibel d. h. er bringt, ähnlich, wie es in der Baseler Ausgabe von 1523 geschehen war, Copien der in der Othmar'schen Bibel von 1518 befindlichen Holzschnitte. Im zweiten Theil setzte er diesen Illustrationscyklus nicht fort, sondern brachte verkleinerte Copien der zum zweiten Theil der Wittemberger Original-Ausgabe gefertigten Holzschnitte. Im dritten Theil steht hinter der Vorrede das Blatt mit Hiob und seiner Frau, das im Anschluss an dasjenige Wächtlins zu Gersdorf's Feldbuch der Wundarznei entworfen ist und später von Steiner in Augsburg in der Folio-Ausgabe von 1527 wiederholt wurde. Knoblouch wiederholte den zweiten Theil mit denselben Holzschnitten 1526, den dritten 1528.

* *
*

In Zürich veranstaltete 1525 Christoph Froschauer eine aus drei Theilen bestehende Folio-Ausgabe des Alten Testamentes.[2]) Die Illustrationen des ersten Theiles sind geringe verkleinerte Nachbildungen der elf Bilder der Wittemberger Ausgabe. — Vor dem 2ten Theil steht eine (h. 270 br. 400) Karte des gelobten Landes und der Wüste mit der Darstellung der einzelnen an den betreffenden Orten geschehenen Ereignisse. Von Text-Illustrationen enthält dieser Theil eine Anzahl geringer (h. 70 br. 70) Bilder

---

[1]) Das Alte Testament, Deutsch nach ursprünglicher Hebreischer warheit. Mit schöner der schwersten örter ausslegung. M. Luther. Zu Strassburg bey Johan. Knoblouch, im Wintermonat des Jars M.D.XXIIII. Am Ende: Getruckt zu Strassburg durch Johannem Knoblouch, nach Christi geburt M.D.XXIIII. In Folio. — Das Annder teyl des alten Testaments. Getruckt zu Strassburg M.D.XXIIII. Am Ende: Gedruckt zu Strassburg durch Johan. Knoblouch, im iar als man zalt nach der geburt Christi, Funffzehen hundert unnd vier unnd zwentzig. Am ersten tag des Hewmonats. In Folio. — DAs dritte teyl des Alten Testaments. Der Psalter von neuwen durch D. Martin Luther geendert und gebessert (solches zeygen an dise sternen ** wo sie kommen). Getruckt zu Strassburg M.D.XXV. Das Register über die Dritte Teyl such innwendig an disem bladt. Am Ende: Getruckt zu Strassburg bey Johannem Knoblouch. Am Eylfften tag des Mertzen. Nach Christi geburt M.D.XXV. In Folio. — Erster Theil. Panzer, Annalen II p. 240. Nro 2112; Entwurf p. 189. Nr. 2. Zweiter Theil. Panzer Annalen II. p. 240. Nr. 2113; Entwurf p. 190. Nr. 1. Dritter Theil. Panzer, Annalen II, p. 347. Nr. 2603; Entwurf p. 191 c. Die Wiederholung des zweiten Theiles 1526 Panzer, Annalen II, p. 422. Nr. 2953; Entwurf p. 191. Nr. 2. Die Wiederholung des dritten Theiles 1528. Panzer, Entwurf p. 190 Nr. 3.

[2]) Das Alt Testament dütsch der ur-prünglichen Ebreischen waarheit nach uff das aller-truwlichest verdütschet. 3 Theile 1525. fol. — Fehlt in Panzers Entwurf; cf. Vögelin, Die Holzschneidekunst in Zürich im 16. Jahrhundert.

zur Veranschaulichung des Tempels, die zum Theil aus Othmars 1523 in Augsburg erschienenen Nachdruck genommen sind. -- Der dritte Theil hat drei Holzschnitte, Hiobs Unglück und Glück, sowie David, der zur Harfe seine Psalmen singt. Die beiden letzten Bilder, namentlich der schöne Thronstuhl David's scheinen von einem Schüler Holbeins herzurühren. Von illustrirenden Initialen (h. 48, br. 48) finden sich in dieser Bibel: Adam und Eva, die Gesetzgebung auf dem Sinai, der Durchgang durchs rothe Meer, Salomos Urtheil, Gideons Wahl, Davids Triumphzug nach dem Sieg über Goliath, die Traube aus Kanaan, Aarons Opfer, die eherne Schlange, Ruth.

Auch unter den Ausgaben des Alten Testamentes sind also wieder verschiedene Illustrationscyklen auseinander zu halten. In Augsburg bewegt man sich in engem Anschluss an die Wittembergischen Bilder. In Basel beginnt Thomas Wolff einen Nachdruck mit verkleinerten Copien der Wittenbergischen Blätter, während Petri für seine Ausgabe den cölnischen Illustrationscyklus neu umarbeiten lässt. In Nürnberg gibt Fr. Peypus eine Zusammenstellung von Holzschnitten, die abermals einem ganz andern Gebiete, demjenigen der Lyoner Vulgata-Illustration, angehören. In Strassburg beginnt Joh. Knoblouch eine Umarbeitung der cölnischen Holzschnitte, um jedoch im weiteren Verlauf Copien der Wittemberger Bilder zu geben. Und auch in der Züricher Bibel finden wir eine Zusammenstellung von Blättern, die theils dem cölnischen, theils dem Wittemberger Cyklus entlehnt sind.

Cap. V.
DIE COMBINIRTEN BIBELN.

E schneller Luther auf die Uebersetzung des Neuen Testamentes diejenige der drei ersten Theile des Alten Testamentes hatte folgen lassen, um so länger zögerte er mit der Herausgabe der Propheten und Apokryphen. Das Verlangen nach einer vollständigen neuen deutschen Bibelausgabe war aber im Volke sehr gross. Und so übersetzte Hätzer und Denk die Propheten, Leo Jud die Apokryphen. Man fügte diese Uebersetzungen den schon erschienenen Theilen der Luther'schen Bibelübersetzung bei und machte daraus ein Ganzes. So entstand die Classe deutscher Bibeln, die man nach Panzer's Vorgang combinirte nennt und von denen drei sich besonders durch ihre künstlerische Ausstattung auszeichnen: die Wormser von 1529, die Strassburger von 1530 und die Züricher von 1531.

99. Die Wormser Bibel erschien unter dem Titel: »Biblia beyder Allt und

Newen Testaments Teutsch[1]) 1529 bei Peter Schöffer in Folio und erhält ihren künstlerischen Werth durch die 46 in ihr enthaltenen Holzschnitte des Anton von Worms,[2]) die allerdings schon in einer bei Peter Quentel in Cöln 1527 erschienenen lateinischen Bibel,[3]) sowie in der 1528 bei ihm erschienenen Octavausgabe der Emser'schen Uebersetzung des Neuen Testamentes verwendet waren. Die meisten sind h. 120, br. 75 mm. Auf dem Blatte der Erschaffung der Welt, das aus der cölnischen Bibel von 1527 genommen ist, steht Gottvater, dessen Haupt ein siebenzackiger Glorienschein umgibt, mit ausgebreiteten Armen nach links gewendet als Schöpfer vor der Weltkugel, Kleid und Mantel flattern in reichen Falten, unten erblickt man auf der Kugel eine Landschaft und über derselben in der Mitte das Monogramm. — Der zweite Holzschnitt zeigt im Vordergrunde links die Belebung des Adam, rechts die Erschaffung der Eva, im Hintergrunde rechts den Sündenfall, links die Vertreibung aus dem Paradiese. Unten am Rande links steht das Monogramm und daneben in der Mitte die Jahrzahl 1525. — Bei der Sündfluth schwimmt im Meere ein zierlicher Kasten mit der Inschrift Archa Noe; oben links sieht man die Taube mit dem Oelzweig, im Hintergrunde steile Felsen, vorn rechts ertrunkene Menschen, ganz oben in den Wolken das Monogramm. — Bei der Opferung des Isaak ist rechts der Opferaltar errichtet, neben dem der Widder steht. Abraham ist seltsamer Weise als jugendlicher Mann, Isaak ebenfalls in männlichem Alter dargestellt, so dass sie beide eher Brüder zu sein scheinen; auch der Engel, der dem Abraham ins Schwert fällt, ist ein dicker, kräftiger Junge. — Bei der Darstellung der Himmelsleiter liegt Jacob links, mit dem Rücken gegen einen Baum gelehnt, die Leiter steigt nach rechts empor, der land-

---

[1]) Biblia beyder Allt und Newen Testametes Teutsch. Zum christlichen leser. Seitmal der allmechtig Gott durch sein gute verlihen hat, dass alle bücher, beyd allt und news testaments (wie dann die XXIIII in Hebraischer, und die übrigen, sovil dero vorhanden in Griechischer sprach gefunden) inns Teutsch verdolmetschet worden seind. Ist für nutzlich angesehen, sölche alle, gantzer Christenheyt zu gut, mit gemeyner Teutscher sprach inn eyn buch (wie dann hie neben die namen, und an welchem ort die gefunden, verzeychnet seind) zetrucken. Sampt angehenckter ausslegung der schwersten örter, auff dass der, so sich iro prauchen wölte deren nit entraubt, und die ihenig, so jrer unnotdürftig, dieselbigen darvon zethun hab, hiemit gehab dich wol, und danke Gott umb seine gaben, Amen. Am Ende des Neuen Testamentes: Getruckt in der Keyserlichen frei statt Wurmbs, bei Peter Schöffern im jar nach der geburt unsers Herrn M.D.XXIX. In folio. — Panzer, Entwurf der Geschichte der luther'schen Bibelübersetzung, p. 274—281.

[2]) cf. Merlo: Anton Wönsam von Worms, Maler und Xylograph zu Köln. Sein Leben und seine Werke. In Neumanns Archiv X p. 129—275, 1864, auch in Separatabdruck. Die für die Wormser Bibel neu angefertigten Blätter des Künstlers sind Merlo übrigens unbekannt geblieben.

[3]) Biblia sacra, Col. P. Quentel. 1527. fol.

schaftliche Hintergrund ist sehr gelungen. — Die Darstellung von Pharao's Traum zerfällt, wie das in der Wittemberger Bibel befindliche Bild, in zwei Abtheilungen, von denen die obere Joseph vor Pharao, die untere links die fetten und mageren Kühe, rechts die fetten und mageren Aehren zeigt. — Die Nummern 7 bis 12 — der Opferaltar mit den vier Hörnern, der Leuchter mit den Gefässen und dem Schaubrodtisch, die Tapete des Tempels, die ineinander greifenden Bretter der Wand, der Tempelhof mit Brunnen und Opferaltar, die perspectivische Uebersicht des ganzen Vorhofes, sowie der Hohepriester Aaron — sind ähnlich, wie in der Cölner Bibel von 1527, jedoch nicht identisch und viel besser als dort. — Die vier Evangelisten vor den Evangelien, sowie der den Boten abschickende Paulus vor dem Römerbrief stammen aus dem Emser'schen Neuen Testament von 1528. — Vor dem Corintherbrief steht Paulus in einem von Säulen getragenen Thor, an dem zwei Engel eine Guirlande befestigen, nach links gewendet, mit einem Schwert im linken Arm und einem Buch in beiden Händen. Vor der zweiten Epistel an die Thessaloniker sieht man in einem niedlichen kleinen (h. 34 br. 22) Holzschnitt Paulus mit Schwert und Buch nach rechts gewendet in einem von zwei Säulen begrenzten Raum. — Der Jacobus als Pilger, der vor Gottvater kniende Petrus, der predigende Judas und die 21 Holzschnitte der Apokalypse sind aus Emsers Neuem Testament von 1528 wiederholt.

100. Einen Nachdruck der Wormser Bibel in Folio lieferte 1534 Heinrich Steiner in Augsburg.[1]) Das (h. 275 br. 190) Titelblatt liess er dazu von Hans Scheifelin anfertigen. Oben sitzt Christus mit der Friedensfahne als Weltenrichter auf dem Regenbogen, Tod und Teufel liegen zu seinen Füssen, und vor ihm steht die Erdkugel; von rechts und links kommen Engel herbeigeflogen. An den Seiten sieht man die vier Evangelisten mit ihren Symbolen, unten in zwei Reihen über einander die Brustbilder der zwölf kleinen Propheten, deren Namen sämmtlich mit rothen Lettern beigeschrieben sind. Das Monogramm ist auf der Tafel angebracht, welche der unterste Prophet hält. — Ausser diesem Titelbild ist von Scheifelin der (h. 98 br. 180) Holzschnitt auf der zweiten Seite. Er zeigt eine Lichtung innerhalb eines Laubwaldes, in dem Vögel fliegen, ein Hirsch grast und in dessen Mitte der Apfelbaum steht. Links lässt Gottvater den Adam aus dem Lehmklose emporsteigen, rechts bringt er dem Erstaunten die neugeschaffene

---

[1]) Biblia Leyder Alt und Newen Testaments Teutsch Getruckt zu Augspurg durch Heinrich Steyner M.D.XXXIIII. Am Ende: Getruckt und vollendet, in der Keyserlichen und des Reychs statt Augspurg durch Heynrich Steyner, im jar nach der geburt Christi. M.D.XXXIIII In Med. Fol. — Panzer, Entwurf der Geschichte der Luther'schen Bibelübersetzung p. 290. Panzer, Beschreibung der Augsburgischen Ausgaben der Bibel Nr. 65.

in Jugendschöne prangende Eva. Der ungläubig fragende Blick, mit dem Adam das Weib betrachtet, die Art, wie er gleichsam elektrisirt die Hände emporhebt, ist vorzüglich wiedergegeben. — Die übrigen Holzschnitte des Buches haben mit Scheifelin Nichts zu thun. Diejenigen bis zur Mitte des dritten Buches Moses sind klein und äusserst schlecht, dann kommen keine mehr bis zur Apokalypse, und diese sind Copien der in der Wormser Bibel gebrauchten.

* * *

Die Strassburger Bibel erschien bei Wolfgang Köphl 1530 in Folio 101. unter dem Titel: »Die gantze Bibel Alt und Neuw Testament verteutscht durch D. Mart. Luther. Item auch mit zweyhundert Figuren mehr dann vorhien nie im Truck aussgangen seind«[1]) und zerfällt in 6 Theile. Die Holzschnitte des ersten Theiles, welcher die fünf Bücher Moses umfasst, sind h. 65 br. 55mm. Der erste zeigt Gottvater mit der Weltkugel, der auf die neugeschaffene Erde herabblickt, der letzte den Moses, der vor seinem Tod auf den Berg gestiegen ist und das gelobte Land sieht. Es sind viele Szenen illustrirt, die bisher noch nicht bildlich dargestellt waren, die grösste Sorgfalt ist auf die ersten Blätter, die Schöpfung der Eva, den Sündenfall, die Ermordung des Abel, die Arche Noah verwendet. — Der zweite Theil hat dieselbe Titeleinfassung wie der erste. Von den Textholzschnitten stellt der erste dar, wie Gottvater den Josua auffordert nach Palästina zu ziehen, der letzte zeigt den Tod des Haman. — Der dritte Theil hat nur zu Anfang den nackten, von seinem Weibe verspotteten Hiob. In den Propheten fehlen die Holzschnitte gänzlich. In den Apokryphen sind sie (h. 48 br. 66) ebenfalls spärlich, der erste zeigt das jüdische Passamahl. — Im Neuen Testament findet man vor dem Matthäus-, Lucas- und Johannes-Evangelium schöne (h. 80 br. 65) Bilder der Verfasser, dagegen vor dem Marcus-Evangelium nur einen sehr kleinen unbedeutenden Holzschnitt. Vor der Apostelgeschichte sieht man die Ausgiessung des heiligen Geistes, vor den Episteln die Verfasser, von denen jedoch der Paulus im Gehäus schon in der Knoblouch'schen Ausgabe von 1524 angewendet war. Vor der Apokalypse wird die Vision auf Pathmos wiederholt, Textholzschnitte hat dieselbe nicht.

* * *

---

[1]) Panzer, Entwurf p. 283—294 gibt den Titel ungenau: Die gantze Bibel Alt und Neuw Testament verteutscht durch D. Mart. Luther, Register weiset alle Historien und fürnehme Spruch über beyde Alt und New Testament. Item auch mit 200 Figuren mehr denn vorhin nie im Truck ausgegangen. Getruckt zu Strasburg bei Wolff Köpphl im Jor M.D.XXX. In Folio.

102. Sowohl die Wormser wie die Strassburger Bibel wird an künstlerischem Gehalt weit übertroffen durch die Folio-Ausgabe, welche 1531 Christoph Froschauer in Zürich veranstaltete. Sie besteht aus zwei Theilen und hat den Titel: »Die gantze Bibel der ursprünglichen Ebraischen und Griechischen waarheyt nach auffs allertreuwlichest verteutschet.«[1]) Am Anfang der Genesis steht die ganze Blattbreite füllend ein nicht sehr gelungener (h. 132, br. 176) Holzschnitt mit der Schöpfung des Weibes. Ausserdem enthält das Buch drei Gruppen von Holzschnitten. In erster Linie hat Froschauer die Holzstöcke seines Alten Testamentes von 1525 verwendet. In zweiter hat er 69, darunter 41 gegenseitige, Copien von Holbeins *Icones veteris testamenti* anfertigen lassen, die derselbe wahrscheinlich 1523 im Auftrage der Gebrüder Melchior und Caspar Trechsel in Lyon als Illustrationen der dortigen Vulgataausgaben begonnen hatte, die aber in ihrer Gesammtzahl erst 1538 zur Veröffentlichung kamen. Mit dieser reichen Ausstattung noch nicht zufrieden, liess er drittens in gleichem Format (h. 60 br. 84) noch weitere 45 Darstellungen schneiden. Der Zeichner benützte dafür die zwei Holbeinischen Illustrationen in Petri's Altem Testament, wie die Juden das Osterlamm speisen und wie Bileam auf der Eselin reitet, und eine oder zwei Vorlagen der Lyoner Vulgaten, während er bei der Composition der übrigen Holzschnitte selbständig verfuhr. Auf zweien seiner Compositionen (Noah's Rausch auf p. V und dem Untergang Sodoms auf p. IX) hat er sein Monogramm, ein verschlungenes schlungenes S und V, angebracht. — Für das Neue Testament hat Froschauer die Bilder der Verfasser aus seinen Ausgaben von 1524 wiederholt, ferner von Thomas Wolff in Basel die 21 Holbein'schen Holzstöcke zur Apokalypse geliehen. So ist seine Bibel eine der am reichsten und gediegensten illustrirten, die jemals erschienen sind.

Auch in diesen combinirten Bibeln treten uns also zahlreiche Blätter tüchtiger Künstler entgegen. Die Illustration der Wormser Bibel übernimmt Anton Wönsam, für den Augsburger Nachdruck derselben arbeitet Hans Scheifelin, die Züricher Bibel gibt eine Zusammenstellung alter Blätter Hans Holbeins und neue Arbeiten eines tüchtigen unbekannten Meisters S. V. Hinsichtlich des Zusammenhangs mit früheren Bibeln verrathen die Blätter der Wormser Bibel den grössten Anschluss an diejenigen der Wittemberger Ausgaben, während die Holzschnitte der Strassburger unabhängige Compositionen enthalten und in der Züricher Bibel der Lyoner Vulgatacyklus, wie er schon im Peypus'schen Alten Testament von 1524 vertreten war, mit der Wittemberger Illustrationsreihe um die Herrschaft streitet. Alle

---

[1]) cf. Vögelin, Ergänzungen und Nachweisungen zum Holzschnittwerk Hans Holbeins d. J. sowie »Die Holzschneidekunst in Zürich im 16. Jahrh.«

drei Bibeln sind derart illustrirt, dass sich selbst Luthers Originalausgabe der gesammten Bibelübersetzung, welche 1534 in Folio bei Hans Lufft in Wittenberg erschien, in der Pracht der Ausstattung kaum mit ihnen messen kann.

CAP. VI.
EMSER'S NEUES TESTAMENT.

Usser dem luther'schen Neuen und Alten Testament und den combinirten Bibeln gehört noch eine dritte Classe deutscher Bibeln der Zeit vor 1530 an.

Fünf Jahre nachdem Luther's Neues Testament in die Welt geschickt und trotz der schärfsten Verbote allerwärts nachgedruckt worden war, sah die römische Kirche ein, dass diesem Uebel nur gesteuert werden könne, wenn man eine katholische Uebersetzung vorbereitete, die dem Volke als wirksames Gegengift in die Hände gegeben werden könnte. Herzog Georg von Sachsen beauftragte seinen Dresdener Secretär Hieronymus Emser, sich dieser Arbeit zu unterziehen. Die erste Ausgabe der von diesem gelieferten Uebersetzung des Neuen Testamentes erschien unter dem Titel: »Das naw testament nach lawt der Christlichen Kirchen bewerten text corrigirt und widerumb zu recht gebracht,« 1527 bei Wolfgang Stoeckel in Dresden in Folio.[1]) Die Illustration leitete Gottfried Leigel, welcher die Wittemberger Grossfolio-Ausgaben des Neuen und Alten Testamentes mit Holzschnitten versehen hatte. Das Titelblatt ist in verschiedene Felder abgetheilt. Im obersten schweben vier Engel, darunter steht in einem Viereck der roth gedruckte Titel. Auf beiden Seiten sind übereinander zwei kleinere Felder, in denen rechts sitzen Matthäus und Lucas, in denen links Marcus und Johannes schreibend; in dem leeren Raum zwischen den Feldern liest man links die Jahrzahl 1527, rechts die Bezeichnung G L. Unter dem Viereck mit dem Titel schwebt Gottvater, in einen weiten Mantel gehüllt, mit der päpstlichen Krone auf dem Haupte, von der Taube des heiligen Geistes getragen. Links unten auf der Erde steht der Heiland. Ueber demselben ist eine Tafel angebracht, auf welche Gottvater mit der rechten Hand zeigt und auf welcher die Worte stehen: »Dis ist mein gelibter Son den solt yhr gehorchen. Ma. 17«. Gegenüber dem Heiland rechts

---
[1]) Panzer, Versuch einer kurzen Geschichte der römisch-katholischen deutschen Bibelübersetzung p. 34—47. Nr. 1.

stehen die Apostel von Petrus und Paulus geführt. Zwischen ihnen und
dem Heiland sieht man wieder zwei Tafeln, auf die jener mit der Hand
zeigt. Auf der obern liest man die Worte: Gleych wie mein Vater mich
gesant hat, also send ich euch. Johan. 21, » auf der untern: »Wer euch
hört, der hört mich und wer euch veracht d'veracht mich. Luc. 10.«
Der zweite grosse Holzschnitt (h. 205 br. 140) befindet sich am der
6ten Seite. In den Wolken schwebt mit Krone und Mantel Gottvater; unten
auf der Erde sitzt links auf einem überwölbten Throne Maria mit dem Jesus-
kinde im Arme, rechts vor ihr steht der mit gewaltigen Hörnern versehene
Moses, der mit beiden Händen die Gesetztafeln hält, Josua, David und eine Anzahl Propheten. Auf einer Steinplatte unter dem Throne steht MDXXVII
GL. Vor den Evangelien finden sich grosse (h. 70 br. 64) Initialen, von denen
die erste D, den schreibenden Matthäus, die zweite J den lesenden Marcus,
die dritte S den schreibenden Lucas, die vierte J die Vision auf Pathmos
enthält. Ausser diesen Initialen hat das Marcus-, Lucas-, und Johannes-
Evangelium aber auch noch je einen grossen, drei Viertheile der Folioseite
einnehmenden (h. 145 br. 112) selbständigen Holzschnitt. Vor dem Marcus-
Evangelium sieht man den Heiland mit der Friedensfahne auf dem Grabe
stehen, rechts den schlafenden Wächter, links den hinwegschreitenden Löwen
des Evangelisten; vor dem Lucas-Evangelium die Darstellung Christi im
Tempel, davor den Ochsen; vor dem Johannes-Evangelium Gottvater mit
dem Leichnam Christi und dem heiligen Geiste in den Wolken, davor
mit ausgebreiteten Fittigen den Adler, unten die Bezeichnung MDCCVII GL.

Ebenso ist der Holzschnitt vor der Apostelgeschichte bezeichnet,
der in eine mit spärlichen hohen Bäumen bepflanzte Landschaft führt, in
der die Apostel von einander Abschied nehmen um in alle Welt zu ziehen
und die Völker zu lehren. Unter den Episteln hat nur diejenige an die
Römer einen Holzschnitt, welcher darstellt, wie das Pferd des Paulus vor
Damaskus stürzt und er vom himmlischen Lichte geblendet wird. Da
Emser seine Ausgabe äusserlich derjenigen Luther's möglich ähnlich machen
wollte, so schrieb er nach Wittemberg an Cranach und bat diesen ihm
gegen 40 Thaler die für die Luther'sche Uebersetzung angefertigten Originalholzstöcke der Apokalypse zu überlassen.[1]) Da er diejenigen der Dezember-
Ausgabe erhielt, so war allerdings die ursprünglich auf den Tafeln 11,
16 und 17 angebrachte dreifache päpstliche Krone mit der einfachen ver-
tauscht. Aber auch so ist Emsers Vorliebe für die Wittemberger Holzstöcke
schwer verständlich, wenn man bedenkt, dass Herzog Georg in seinem Mandat
gegen die Luther'sche Uebersetzung ausdrücklich auf die darin enthaltenen
»schmählichen Figuren, Pabstlicher Heiligkeit zu Hohn und Spött« hinge-

---

[1]) Krafft, historische Nachricht von den ersten vollständigen Bibeln Luthers p. 67.

wiesen hatte.[1]) Emser wiederholte sie sämmtlich mit Ausnahme der 5ten und 6ten Tafel, die er durch kleinere Blätter des Kunstlers GL (h. 145 br. 114) ersetzte.

Die zweite Ausgabe wurde ein Jahr nach Emsers im November 1527 [104.] erfolgten Tode auf Herzog Georgs Befehl von Valentin Schumann in Leipzig gedruckt.[2]) Sie ist in Octav. Der Titelholzschnitt zerfällt in zwei Theile: oben halten zwei Engel eine Tafel mit dem Titel, unten steht das herzogl. sächsische Wappen. Nach dem 3 $^1/_2$ Blätter einnehmenden Register folgt ein Holzschnitt, welcher den Verfasser darstellt, wie er vor dem mit gebundenen Händen an einer Säule stehenden Heiland kniet, der die Dornenkrone auf dem Haupte hat und eine Geissel und das Rohr unter den Armen hält. Neben Emser steht sein Wappen und zwischen dem Heiland und dem Knieenden ist eine Tafel angebracht, auf welcher steht:

Iniquos odio habui, Legem autem tuam dilexi odivi
ecclesiam malignancium Et cum impiis non sedebo.

Ganz oben sieht man auf einem Berge ein Schloss und darunter eine Stadt. — Der die ganze Seite einnehmende (h. 112, br. 85) Holzschnitt nach der Vorrede schliesst sich in der Composition an das Titelbild der Stöckel'schen Originalausgabe an. In den Wolken schwebt Gottvater vom heiligen Geiste getragen und weist mit der Hand auf eine links schwebende Tafel hin, auf welcher man die Wort liest: »Dis ist mein gelibter son den solt ir hören. Mat. 17.« Darunter steht links der Heiland, der mit der Hand eine Tafel hält, auf welcher man liest: »Gleich wye mich meyn Vatter gesant hat, Allso send ich euch. Joannis am XX ca.« Gegenüber sieht man Petrus mit einem grossen Schlüssel, hinter ihm andere Apostel, vor ihm eine Tafel mit den Worten: »Das du durch die stet prist' setzest wie ich sie dir v'ordnet hab. Tit. I.« Noch weiter unten auf der Erde knien funf Personen, Papst, Cardinal, Bischof, Mönch und Nonne. Die Holzschnitte vor den Evangelien, vor der Apostelgeschichte und der Epistel an die Römer sind ebenfalls seitengross (h. 112 br. 70). Matthäus sitzt am Schreibpulte, vor ihm steht der Engel. Marcus sitzt in einer Landschaft unter einem Baume an einer Felsplatte, auf der sein Buch liegt, rechts steht der Löwe. Lucas nach rechts gewendet hat seinen Schreibpult in einer Landschaft aufgestellt. Johannes sieht die Maria mit dem Kinde. Die Apostel trennen sich, um in alle Welt zu gehen. Paulus

---

[1]) Luthers Werke (Walch-Ausgabe). Thl. XIX. p. 592.
[2]) Das New Testamēt, So durch L. Emser säligē v'teutscht, und des Durchlewchtē Hochgebornē Fürstē und herrē Herrē Georgē hertzogen zu Sachssen etc. Reglmēt und priuilegio ausgangē ist Anno 1528. Am Ende: Gedruckt zu Leyptzick durch Valten Schuman des Jars M.C CCCC.XVIII. 8°. Panzer: Versuch einer Geschichte der römisch-katholischen Bibelübersetzung p. 47—58. Nr. 2.

schickt einen Boten mit dem Briefe ab. Vor der Epistel des Jacobus ist dieser in einem kleinen Holzschnitt mit der Ueberschrift: ›Jacobus Zebedey Matth. 4 Mar. 3.‹ dargestellt. Vor den Petribriefen sitzt der Apostel in einer Tempelhalle am Schreibpulte, rechts am Boden liegt der grosse Schlüssel. Vor der Epistel des Johannes wird die Vision auf Pathmos wiederholt. Vor der Judas-Epistel sieht man den Verfasser nach links gewendet schreibend in seinem Zimmer, durch dessen Fenster man Ausblick auf Häuser und einen steilen Berg hat, oben rechts steht: ›Judas nicht der Iscariotes Joannis 14.‹ Die 21 Holzschnitte der Apokalypse (h. 90 br. 65) sind verkleinerte Copien der in Luther's Neuem Testament befindlichen.

105. Die 3te Ausgabe druckte 1528 Peter Quentel[1]) und versah sie mit 32 Holzschnitten des Anton von Worms. Das kleine (h. 60 br. 80) Blatt unter dem Titel, welches den vor dem Schmerzensmann knieenden Verfasser darstellt, ist im Anschluss an dasjenige der Schumann'schen Ausgabe componirt. Darauf folgen wie in den vorhergehenden Ausgaben (h. 83 br. 62) die Bilder der vier am Schreibpult sitzenden Evangelisten. Matthäus, mit einer Kappe auf dem Haupte, ist nach rechts gewendet, davor steht der Engel, der ihm das Tintenfass hält, an der Wand prangt ein Relief mit der Anbetung des Kindes. Marcus ist nach links gewendet und beinahe vom Rücken gesehen, links liegt der Löwe, durch das Fenster schaut man in eine Landschaft, wo Christus aus dem Grabe steigt. Lucas, ein junger Mann mit hoher phrygischer Mütze, ist nach links gewendet, davor steht der brüllende Ochse, durch das Fenster sieht man den Heiland am Kreuze. Dem Johannes erscheint auf Pathmos der von Engeln umgebene Heiland. Vor der Apostelgeschichte steht (h. 80 br. 65) die Ausgiessung des heiligen Geistes. Maria sitzt in der Mitte der zwölf Apostel, die sämmtlich Flammen auf dem Haupte tragen, oben schwebt die von breitem Strahlenkranze umgebene Taube, zwei von geschnörkeltem Rankenwerk überdeckte Säulen schliessen das Ganze ein. Auch die Episteln tragen sämmtlich am Anfang das Bildniss ihres Verfassers. Paulus (h. 110 br. 87) der links in einer offenen Halle am Schreibpult sitzt und vor dem der Bote steht, welcher den Brief in Empfang nimmt, ist aus Quentels lateinischer Bibel von 1527 wiederholt. Jacobus (h. 80 br. 67) mit einem Pilgerhut auf dem Haupte, einem Wanderstab in der linken Hand, steht nach links gewendet in einer Landschaft und liest in einem aufgeschlagenen Buche, das er in der Rechten

---

[1]) Das New Testament. So durch den hochgelarten Hieronymum Emser saeligen verteutscht. Unter des Durchlewchten hochgebornen Fursten und Herren, Herren Georgen Hertzogen zu Sachssen etc. ausgangen ist Anno M.D.XXVIII. In dem Euennaent. (Gedruckt zu Cöln bey Peter Quentel.) 8. — Panzer, Versuch einer Geschichte der römisch-katholischen Bibelübersetzung p. 58—60 Nr. 3. Merlo, Leben des Anton von Worms, kennt die Ausgabe nicht.

hält. Petrus (h. 80 br. 67) kniet links und hat seinen grossen Schlüssel vor sich auf den Boden gelegt, rechts in den Wolken erscheint ihm mit der Weltkugel und dem Kreuze Gottvater, unter dem vier Engel ein Tuch ausgebreitet halten, auf welchem Thierköpfe liegen. Johannes (h. 80 br. 67) sitzt mit einem Buch auf dem Schoosse in einer Landschaft, in deren Hintergrund man einen Fluss mit Schiffen bemerkt, rechts gegenüber steht der Adler, in den Wolken schwebt Christus, dem zwei Engel den Mantel halten. Der Holzschnitt ist eine Copie nach dem entsprechendem Blatte Hans Holbeins. Judas Thaddaeus (h. 80 br. 67), eine kleine gedrungene Gestalt, mit einer Keule in der Hand und einem grossen Strahlenkranz ums Haupt, predigt dem zahlreich zusammengeströmten Volke. Die 21 Holzschnitte der Apokalypse weisen von denjenigen der Wittemberger Ausgaben des Luther'schen Neuen Testamentes nur geringe Veränderungen auf. Am gelungensten ist der letzte, wo der Engel dem Johannes das neue Jerusalem zeigt. Hier hat Anton von Worms durch geschickte Behandlung der Landschaft aus der matten Wittemberger Vorlage ein vorzügliches Landschaftsbild zu machen gewusst.

Von Quentel scheint auch die 4te Ausgabe zu sein, die 1529 *sine loco* **106.** unter dem einfachen Titel: »Das New Testament« in 8⁰ erschien.[1]) Auf dem Titelblatt ist nur der knieende Emser aus der vorigen Ausgabe wiederholt, sonst sind keine Holzschnitte darin enthalten.

Die 5te Octav-Ausgabe veranstaltete 1529 Valentin Schumann in **107.** Leipzig[2]) und wiederholte darin die Holzschnitte der 1528 von ihm gedruckten zweiten Ausgabe.

In demselben Jahre druckte Quentel in Cöln unter dem Titel: »Das **108.** gantz New Testament« auch die 6te Ausgabe in Folio,[3]) die er mit älteren

---

[1]) Das New Testament, So durch den hochgelerten Hieronymum Emser seligen verteutscht, under demDurchleuchtenhochgebornen Fürsten und Herrn Herren Georgen Hertzogen zu Sachsen etc. aussgangen ist. M.D.XXIX. Ohne Ort und Drucker, vermuthlich aber zu Cöln gedruckt. 8. Panzer Versuch p. 60—62. Nr. 4.

[2]) Das New Testamēt. So durch L. Emser sälige vteutscht, und' des durchlewchtē Hochgeborne Fürstē un herrē Georgē Hertzogeu zu Sachssen etc. Regimēt und privilegio aussgange ist. Anno 1529. Am Ende: Gedruckt zu Leyptzick durch Valten Schumann des Jahrs M.D.XXIX. 8. Panzer, Versuch p. 62—64. Nr. 5.

[3]) Das gantz New Testament. So durch den Hochgelerten L. Hieronymum Emser verteutscht, mitt sampt seinen zugefügten Summarien und Annotationen uber yeglichē capitel angereygt, wie Martinus Luther dem rechten Text (dem Huschischen exempel nach) seines gefallens ab und tzugethan und verendert hab, wie dan durch bitte etzlicher Fürsten und Herren gescheen, das er wöl dem gemeynen volck tzu nütz, das war und recht Euangelion am truck ausgeen lassen. Item ein new Register verordent und gemacht, vorstētlicher dan vor gewest. Am Ende: Getruckt und volendet in der löblichen stat Collen durch Heronem Fuchs, unnd

Holzschnitten des Anton von Worms illustrirte. Auf dem Titel sieht man das cölnische Stadtwappen mit der Unterschrift: *O foelix Colonia*. Vor den Evangelien sind die vier grossen (h. 135 br. 90) Blätter der schreibend in einer Landschaft sitzenden Evangelisten wiederholt, welche Anton von Worms für Quentels lateinische Bibel von 1527 angefertigt hatte. Matthäus mit einem einfachen Strahlenkranze ums Haupt sitzt nach links gewendet an einem Baumstamm und taucht die Feder in das Tintenfass, das ihm der davorstehende Engel bereit hält. Marcus mit doppeltem Strahlenkranze schreibt und hält in der Linken das Tintenfass, vor ihm steht der Löwe. Lucas mit einer Mütze und dreifachem Strahlenkranze, ist nach links gewendet und taucht die Feder in das Tintenfass, welches er in der Linken hält, vor ihm liegt der Ochse. Johannes mit vierfachem Strahlenkranz sitzt nach links gewendet, hält mit der rechten Hand die Feder, in der linken das Tintenfass und betrachtet den mit gespreizten Flügeln vor ihm stehenden Adler. Jedes der vier Blätter ist von zwei Säulen begrenzt, die von Schnörkelgewinden überdeckt sind. Vor den Episteln und in der Apokalypse sind die Holzschnitte wiederholt, die Anton von Worms für die Octav-Ausgabe von 1528 angefertigt hatte.

Viele neue Illustrationen brachten also diese Ausgaben der römischkatholischen Bibelübersetzung nicht. Wie Emsers Neues Testament sprachlich nur eine schwache Nachahmung der Luther'schen Uebersetzung war, so konnten sich auch die darin enthaltenen Holzschnitte dem Einflusse des wittembergischen Illustrationscyklus nicht entziehen. Dasselbe gilt von den Bildern der später folgenden Dietenberger'schen und Eck'schen Uebersetzung. Und auch von den seit 1530 erschienenen luther'schen Bibeln kann sich kaum eine bezüglich ihrer künstlerischen Ausstattung mit den von uns betrachteten Bibeln der Frührenaissance messen.

aufs new mit fleyss durchlessen unnd corrigirt vonn dem wirdigen doctor Johan Dietenberger. Mit verlag und belonung des Ersamen und fürsichtigen bürgers Peter Quentel. Im Jaer nach Christi unsers seligmachers geburt M.CCCCC.XXIX. Am XXIII tag des Augstmants. Fol. Panzer, Versuch einer Geschichte der römisch-kath. Bibelübersetzung p. 64—67. Nr. 6.

INHALT.

Einleitung p. 1.

Cap. 1. **Die deutschen Bibeln vor Luther.** p. 3—17.

	Nr.
1. (Augsburg, Jodoc Pflanzmann um 1470.)	1
2. (Nürnberg Frisner und Sensenschmidt um 1472).	2
3. Augsburg, Günth. Zainer 1473 bis 1475.	3
4. Augsburg, Günther Zainer 1477.	4
5. Augsburg, Anton Sorg 1477.	5
6. Augsburg, Anton Sorg 1480.	6
7. Cöln (Heinrich Quentel 1480).	7
8. Nürnberg, A. Koburger 1483.	8
9. Strassburg 1485	9
10. Augsb. H. Schoensperger 1487.	10
11. Augsb. H. Schoensperger 1490.	11
12. Lübeck, Stephan Arndes 1494.	12
13. Augsburg, Hans Othmar 1507	13
14. Augsburg, Silvan Othmar 1518.	14
15. Halberstadt, Trutebul 1520.	15

Cap. 2. **Die Original-Ausgaben der Luther'schen Bibelübersetzung.** p. 17—30.

a. Das Neue Testament.

	Nr.
1. Wittemberg, Melchior Lotther, Sept. 1622. fol.	16
2. Wittemberg, Melchior Lotther. Dezemb. 1522. fol.	17
3. Wittemberg, Gebr. Melchior u. Mich. Lotther 1524. fol.	18
4. Wittemberg, Melchior Lotther d. J. 1524. gr. 8.	20
5. Wittemberg, Melchior Lotther d. J. 1524. gr. 8.	21
6. Wittemberg. Melchior Lotther d. J. 1525. gr. 8.	22
7. Wittemberg, Hans Lufft 1526. 8.	24
8. Wittemb. Mich.Lotther 1526.fol.	19
9. Wittemberg Mich. Lotther 1527. gr. 8.	23
10. Wittemb. Hans Lufft. 1530. 8.	25
11. Wittemb. Hans Lufft. 1530. 8	26
12. Wittemb. Hans Lufft. 1533. 8.	27

b. Das Alte Testament.
Erster Theil.

	Nr.
1. Wittemberg, Melchior Lotther. 1523. fol.	28
2. Wittemberg, Melchior u. Michel Lotther 1523. fol.	29
3. Wittemb. Hans Lufft 1523. 8.	34
4 Wittemb. Melchior Lotther d. J. 1524. gr. 8.	31
5. Wittemb. Mich. Lotther 1525. 8.	32
6. Wittemb. Mich. Lotther 1526. fol.	30
7. Wittemb. Michel Lotther 1528. gr. 8.	33

Zweiter Theil.

1. Wittemberg, (Melchior Lotther. 1524) fol.	35
2. Wittemb. Melchior Lotther d. J. 1524. gr. 8.	36
3. Wittemb. Michel Lotther 1527. gr. 8.	37

Dritter Theil.

1. Wittemberg, (Melchior Lotther) 1524. fol.	38
2. Wittemberg, (Michel Lotther) 1524. gr. 8.	39

Cap. 3. **Luther's Neues Testament im Nachdruck.** p. 31—46.

Augsburg.

1. Hans Schoensperger 1523. fol.	40
2. Hans Schoensperger 1523. fol.	41
3. s. l. e. a. (Silv. Othmar 1523) fol.	42
4. Silvan Othmar 1523. fol.	43
5. Silvan Othmar 1523. fol.	44
6. Hans Schoensperger 1524. fol.	45
7. Silvan Othmar 1524. fol.	46
8. Heinrich Steiner 1527. fol.	47
9. Heinrich Steiner 1528. fol.	48
10. Heinrich Steiner 1531. fol.	49
11. Heinrich Steiner 1531. 8.	50

Basel.

1. Adam Petri, Dezember 1522 fol.	51
2. Adam Petri, März 1523. fol.	52
3. Adam Petri, März 1523. 8.	53

	Nr.
4. Adam Petri, Dez. 1523. 8.	54
5. Thomas Wolff 1523. 8.	55
6. Thomas Wolff 1523. 4.	56
7. Basel 1523.	57
8. Thomas Wolff 1523—24. gr. 8.	58
9. Thomas Wolff 1524. 8.	59
10. Thomas Wolff 1524. 8.	60
11. Adam Petri, Brachmond 1524.8.	61
12. Adam Petrij Hornung 1525. 8.	62
13. Basel (Petri) 1525. fol.	63
14. s. l. e. a. fol.	64

Nürnberg.

1. Friedrich Peypus 1524. gr fol.	65
2. Hans Hergott 1554. 8.	66
3. Hans Hergott 1525. 8.	67
4. Hans Hergott 1526. 8.	68
5. Jobst Gutknecht 1527. kl. S.	69
6. Jobst Gutknecht 1531. kl. 8.	70
7. Kunigund Hergottin 1533. 8.	71

Strassburg.

1. Johann Schott 1522. 8.	72
2. s. l. e. a. fol.	73
3. Wolf Köphl 1524. 8.	74
4. Johann Knoblouch März 1524. 8.	75
5. Johann Knoblouch 1524. fol.	76
6. Johann Knoblouch 1524. fol.	77
7. Johann Knoblouch 1525. fol.	78
8. Hans Grüninger 1527. fol.	80
9. Johann Knoblouch 1528. fol.	79

Zürich.

1. Christoph Froschauer 1524. 8.	81
2. Christoph Froschauer 1524. fol.	82
3. Hans Hager 1524. 4.	83

Cap. 4. **Luther's Altes Testament im Nachdruck**. p. 47—56.

Augsburg.

| 1. Silv. Othmar. I. 1523, II. 1524, III. 1525. fol. | 84 |
| 2. Melchor Ramminger. I. Theil 1523. kl. fol. | 86 |

	Nr.
3. s. l. I. 1523, II. 1524, III. 1524, 8.	87
4. H. Steiner, I. 1527. III. 1527. fol.	88
5. Silv.Othmar, I. 1525, II. 1528. fol.	85
6. Heinr. Steiner 1529. fol.	89
7. Heinrich Steiner 1530. 8.	90

Basel.

| 1. Thom.Wolff. I. Theil. 1523. 4. | 91 |
| 2. Adam Petri, I. Dez. 1523, II. Oct. 1524, III. Dez. 1524. fol. | 92 |

Nürnberg.

| 1. Friedr. Peypus 1524. fol. | 93 |
| 2. Kunig. Hergottin. I.Th. 1531. 8. | 94 |

Strassburg.

1. Joh. Knoblouch 1524. I. Th. 8.	95
2. Johann Knoblouch, I. 1524, II. 1524, III. 1525. fol.	96
3. Johann Knoblouch, II. 1526, III. 1528. fol.	97

Zürich.

| Christoph Froschauer, 1525. fol. | 98 |

Cap. 5. **Die combinirten Bibeln.** p. 56—61.

1. Worms, Peter Schöffer 1529.fol. Nachdruck: Augsburg, Steiner 1534. fol.	99 / 100
2. Strassburg, Wolf Köphl 1530. folio.	101
3. Zürich, Christoph Froschauer. 1531. fol.	102

Cap. 6. **Emsers Neues Testament.** p. 61—66.

1. Desden, Wolfgang Stoeckel, 1527. fol.	103
2. Leipzig. Valentin Schumann. 1528. 8.	104
3. Cöln. Peter Quentel 1528. 8.	105
4. s. l. 1529. 8.	106
5. Leipzig.Val. Schumann.1529.8.	107
6. Cöln. Peter Quentel 1529. fol.	108

Verbesserungen:

Pag. 4 Zeile 2 statt »geschafft« lies: »geschaffen«. Pag. 4 Zeile 13 statt »gar nicht« lies: »wenig.« Pag. 5 Zeile 37 statt »wiederholte darin die« lies: »brachte darin freie Nachahmungen der.«